U0503237

壁画中的衣食住行

Food, Clothing, Shelter and Transportation

in Dunhuang Murals

胡同庆 著

文物出版社

图书在版编目（CIP）数据

敦煌壁画中的衣食住行 / 胡同庆著. -- 北京 ： 文物出版社，2025. 6. -- ISBN 978-7-5010-8778-5

Ⅰ．K879.414；D691.9

中国国家版本馆CIP数据核字第202583YD83号

敦煌壁画中的衣食住行
DUNHUANG BIHUA ZHONG DE YISHIZHUXING

著　　者　胡同庆

选题策划　刘铁巍
责任编辑　张朔婷
封面设计　马吉庆
责任印制　邵　彬
责任校对　赵　宁

出版发行　文物出版社
社　　址　北京市东城区东直门内北小街2号楼
邮　　编　100007
网　　址　http://www.wenwu.com
邮　　箱　wenwu1957@126.com
经　　销　新华书店
制版印刷　天津裕同印刷有限公司
开　　本　710mm×1000mm　1/16
印　　张　15.75
版　　次　2025年6月第1版
印　　次　2025年6月第1次印刷
书　　号　ISBN 978-7-5010-8778-5
定　　价　98.00元

前　言

　　不管在什么时代，衣食住行对于每一个人来说，都是首先面对的、最需要解决的基本问题。

　　然而，以"衣"与"食"而论，究竟哪一个排第一，却有不同的看法。一般而论，许多人都认为"食"应该排第一，因为如果人不吃饭就会饿死，人就无法生存，其他也就不用谈了。此种说法初听似有道理，但仔细一想则非也。因为我们是在谈人类的衣食住行，而人类与其他动物最明显的区别，即是否穿衣。人的进化之一，就是褪去身上的皮毛而穿上衣服。而饮食需要，并非人之独有，也是其他动物所必需的。衣饰是区别人与其他动物的标志物，因此本书认为还是将"衣"排列在第一位似乎更为合理。

　　人的需求和愿望是社会发展的动力，也是人类衣食住行发展史中不可忽略的内容。敦煌艺术是佛教艺术，根据佛经所描绘的西方净土、弥勒净土等理想世界寄托了当时人们的美好理想愿望，因此本书分别在每一章的第一小节首先介绍佛教理想世界中的相关内容。从中我们可以了解到，在佛教理想世界中，古人对衣着的追求是希望在解决温暖问题的基础上，注重衣料质地和装饰物的价值，追求华丽和珍贵，注重不同等级、地位之人穿戴之差异。对饮食的追求首先是能吃饱，然后是吃的品种、食物的质量与新鲜程度、装食物的餐具等。对于居住的追求，特别注重其周边环境，追求豪华，同时追求舒适、实用、卫生、安全等；另外亦追求娱乐享受。追求的出行方式主要是快速、方便、无障碍等。

　　本书尽可能从多角度全面地介绍相关内容，如在介绍"衣饰"时，不仅介绍当时不同阶层、不同民族的服饰特征，也介绍人们在发髻、面妆、佩饰等方面的时尚和个性追求，以及与衣饰密切相关的纺织原料和制作、印染、皮革加工等情况。在介绍"饮食"时，不仅介绍当时人们日常必需的主食、蔬菜、水果、肉食、调料等品种，也介绍相关的加工工具、制作方法，以及当时的饮食习惯、风气和相关的经济、文化等内容。在介绍"居住"时，不仅介绍当时人们居住的不同功能的建筑和不同风格的建筑，还介绍与居住相关的水井、厕所、浴室乃至家具，以及当时修建房屋的施工场景。在介绍"出行"时，介绍当时人们出行如何之艰难，介绍悬崖间架设的栈道和河流上修造的桥梁，同时介绍在江河湖泊中航行的各种船只和陆地上不同用途的各类车辆，以及路边的旅店和行人出入关隘的通行证等。

　　需要指出的是，本书中的敦煌既具有地域上的意义，同时也具有史料上的意义。即文中介绍的内容，有些确实是敦煌本土社会生活状况，而有些则反映的是其他地区的社会生活状况。如"饮食"中介绍的大部分内容都是敦煌本土的情况，而"出行"中介绍的舟船应该是其他地区江河湖泊中的交通工具，还有帝王的服饰，文人情调的亭台、草堂等也应该是反映其他地区的情况。

目
录
Contents

第一章

衣饰

莎士比亚有一句名言："衣裳常常显示人品。"又有一句："如果我们沉默不语，我们的衣裳与体态也会泄露我们过去的经历。"

——梁实秋《衣裳》

佛教理想世界的衣饰

人与其他动物最明显的区别，即是否穿衣。人的进化之一，就是褪去身上的皮毛而穿上衣服。所谓站立行走、思维情感、饮食性爱等等，并非人之独有，其他动物也可能具有，只是程度、高低有所不同而已。

所谓"衣冠禽兽"，指穿戴衣帽但行为卑劣如同禽兽的人。由此可见衣饰是区别人与其他动物的标志物，亦可见衣饰对于人类的重要性。

衣饰，也是区别人与人之间差异的标志物，是人与人身份、地位差异的象征。如果衣服的功能仅仅是为了保暖，则人类保留身上的皮毛即可。

在佛教的理想世界中，也非常注重人的衣饰。如对于天宫中天人所穿之衣，有佛经还专门论及其重量，如《菩萨璎珞本业经》卷下云："净居天衣重三铢。"[1]又《长阿含经》卷20云："四天王身长半由旬，衣长一由旬，广半由旬，衣重半两。忉利天身长一由旬，衣长二由旬，广一由旬，衣重六铢。焰摩天身长二由旬，衣长四由旬，广二由旬，衣重三铢。兜率天身长四由旬，衣长八

[1]《菩萨璎珞本业经》卷下,《大正新修大藏经》第24册, 第1019页。

由旬，广四由旬，衣重一铢半。化自在天身长八由旬，衣长十六由旬，广八由旬，衣重一铢。他化自在天身长十六由旬，衣长三十二由旬，广十六由旬，衣重半铢。自上诸天，各随其身而着衣服。"[1]级别高的天人虽然身材愈加高大，衣服也随之加倍宽长，但衣服的重量却反而愈加轻盈。

又如《大智度论》卷34云："四天王衣重二两。忉利天衣重一两，夜摩天衣重十八铢，兜率天衣重十二铢，化乐天衣重六铢，他化自在天衣重三铢。色界天衣无重相，欲界天衣从树边生无缕无织，譬如薄冰光曜明净有种种色；色界天衣纯金色光明不可称知。"[2]不仅谈论衣服的重量，还谈到衣服是"从树边生"，未经过"无缕无织"的生产过程，而且其色泽透明犹如"薄冰光曜明净"等。

又，《法苑珠林》卷3"衣量部"云："六欲界六天中皆服天衣飞行自在，看之似衣光色具足，不可以世间缯彩比之。色界诸天衣服，虽号天衣其犹光明，转胜转妙不可名也。……欲界诸天衣服种种庄严不可具述，然化乐、他化二天，所着衣服随心大小，轻重亦尔。色界诸天不着衣服如着不异，头虽无髻如似天冠。"[3]述及天人穿上衣服"飞行自在"，其"光色具足"，并且"衣服随心大小，轻重亦尔"，还述及头饰"虽无髻如似天冠"。

敦煌壁画中依据《佛说弥勒下生经》中经文"时阎浮地内，自然树上生衣，极细柔软人取着之"描绘了不少生动图像[4]。如莫高窟宋代第55窟南壁《弥勒经变》中，空地上一棵大树，有数人正从树上拿取衣服（图1）。又如榆林窟第38窟西壁五代绘制的《弥勒经变》中，道路旁有一搭满衣服的木架，其右侧有一人正在试穿衣服，画面下方有一人拿着一袭长袍在身前比量，另有一人观看；画面有榜题为："尔时弥勒世时衣生价（架）上。"由"树

①《长阿含经》卷20，《大正新修大藏经》第1册，第133页。
②《大智度论》，《大正新修大藏经》第25册，第310页。
③《法苑珠林》卷3，《大正新修大藏经》第53册，第286页。
④《佛说弥勒下生经》，《大正新修大藏经》第14册，第421页。

图 1　宋代第 55 窟南壁　弥勒经变　树上生衣

上生衣"演变成了"架上生衣"（图 2）。"自然树上生衣"或"架
上生衣"是言其数量上满足人们的需要，"极细柔软"是言其衣料
质地甚佳。

　　在《妙法莲华经·马明菩萨品第三十》中，述及须弥山北面
的"郁单越，地方四十万里。……树上生衣服及七宝璎珞，……
生儿堕地抱于道边，……七日便得成人，往诣树下，仰头看树，
七宝璎珞衣服着体。无有染色捣治之苦，亦无割截裁缝之劳"[①]。
树上不仅生产衣服，还生产饰品璎珞，还特别强调"树上生衣"
没有"染色捣治之苦"，也没有"割截裁缝之劳"。

　　敦煌文献中也有关于佛教理想世界中衣饰的记载，如 P.2133
《妙法莲华经讲经文》中谈"衣服供养"时说："若用名衣供养，

①《妙法莲华
经·马明菩萨品第
三十》，《大正新修
大藏经》第 85 册，
第 1427 页。

图2 榆林窟第38窟西壁五代绘 弥勒经变 树上生衣

功德无边无量，只将人世绮罗，裁作天宫模样。或添璎珞身中，或缀宝冠头上，或者五色荧煌，或作轻盈晃浪。一生供养不曾休，长将匹段旋新羞，每把金襕安膝上，更将银缕挂肩头。冬天厚暖应难比，一月轻纱一切周，到老一生长供养，西方净土必遨游。"①这里面特别强调衣料为绮罗，"金襕""银缕"饰之外，更注重配之以"璎珞""宝冠"等贵重装饰物。

佛经《妙法莲华经·观世音菩萨普门品》中还着重谈及装饰物璎珞的贵重性："无尽意菩萨白佛言：'世尊，我今当供养观音菩萨。'即解颈众宝珠璎珞，价值百千两金，而以与之。作是言：'仁者受此法施珍宝璎珞。'时观世音菩萨不肯受之。"转而又将"其璎珞，分作二分，一分奉释迦牟尼佛，一分奉多宝佛塔"②。

敦煌文献 S.4571《维摩诘经讲经文》谈及衣饰时亦云："头冠耀处黄金蔟，……顶戴珍珠，身严玉佩。……曜曜衣装百玉纹，遥遥宝彩金黄缕。"追求的重点也是贵重的金银等饰品。

从以上佛经和敦煌文献的记载可以看到，古代佛教理想世界追求的衣着不仅是解决温饱之温暖问题，同时注重衣料质地和装饰物的价值，追求华丽和珍贵，也注重不同等级、地位之人穿戴之差异。

① 王重民等编校《敦煌变文集》（下），人民文学出版社，1957年，第506页。
② 《妙法莲华经》，《大正新修大藏经》第9册，第57页。

帝王官吏服饰

敦煌壁画中帝王官吏的形象很多，除了穿插在大型经变故事画中的一些人物以外，还比较集中地反映在《维摩诘经变》《涅槃经变》和供养人行列中。其主要的冠服形制，有下列几种：

衮冕，《新唐书·车服志》云："衮冕者，践祚、飨庙、征还、遣将、饮至、加元服、纳后、元日受朝贺、临轩册拜王公之服也。"①初唐第220窟、盛唐第103窟等窟《维摩诘经变》中，均有帝王图，人数多，场面大，可以看到比阎立本《帝王图》更复杂的人物衣冠。如第220窟中的帝王头戴冕旒，身穿青衣朱裳、曲领、白单衣、蔽膝、大带、大绶，足穿赤舄。衣带上绘日月、星辰、山、龙等十二章。冕冠，为一长板状物"綖"平置于头顶，"綖"的前半部分为黑色（变色所致），后半部分为石青色；"綖"的前沿下垂六条旒为黑色（变色所致），后沿下垂的六条旒为白色（只画出四条），与《新唐书·车服志》中"垂白珠十二旒"②部分吻合，故此冕冠的綖、旒前后的不同颜色值得关注。两足之舄为赤色，白底，笏头（图1）。

通天冠，帝王的朝服之一，如《宋史》志69礼19中记载："五月朔，受朝贺于崇元殿，帝服通天冠，绛纱袍。"凡戴此冠，同时必须穿深衣袍，颜色随

①（宋）欧阳修、宋祁等《新唐书》，中华书局，1975年，第515页。

②（宋）欧阳修、宋祁等《新唐书》，中华书局，1975年，第515页。

图1 初唐第220窟东壁北侧 帝王图

图 2　西魏第 285 窟南壁　五百强盗成佛图　国王

季节而变化。其形状据《后汉书·舆服志》记载："通天冠，高九寸，正竖，顶少邪却，乃直下为铁卷梁，前有山，展筒为述，乘舆所常服。服衣，深衣制，有袍，随五时色。"西魏第 285 窟南壁《五百强盗成佛图》中的国王，即穿皂色深衣袍，手挥麈尾，头戴通天冠。其冠高竖，有展筒，有山形装饰，卷拱向后倾斜，即前有博山，后有卷梁，大体与汉晋服制相合（图 2）。

　　笼冠，也叫武冠、惠文冠，为帝王、贵族、武官之服饰。《晋书·舆服志》云："武冠，一名武弁，一名大冠，一名繁冠，一名建冠，一名笼冠，即古之惠文冠。或曰赵惠文王所造，因以为名。亦云，惠者蟪也，其冠文轻细如蝉翼，故名惠文。"笼冠是南北朝时的主要冠饰，其形制为平顶，两边有耳垂下，戴时罩于冠帻之外，下用丝带束缚。一般以黑漆细纱制成，故又称"漆纱笼冠"。同时还有一种筒子式冠，多限于地位较高的统治者或贵族使用。如宋代周密《癸辛杂识》云："宋齐之间，天子燕私多着白高帽，或以白纱，今所画梁武帝像亦然。"西魏第 285 窟《沙弥守戒自杀品》长者向国王交纳罚金的画面中，国王与长者均在冠帻上加戴白纱笼冠，和文献记载完全吻合（图3）。颇为有趣并值得关注的是，在同一个洞窟中，同样是正在行使审判长职责的国王，却一个戴通天冠，另一个戴笼冠。西魏第288窟东壁南侧的贵族供养人，身穿绛纱袍，头上也是在冠帻上加戴白纱笼冠。

　　长袍、襕衫，古代百官士庶之长服。《大唐新语》里说："隋代帝王贵臣多服黄纹绫袍、乌纱帽、九环带、乌皮六合靴，百官常服同于走庶，皆着黄袍及衫。"①此服类似长衫，袖大，不分衣和裳，内充絮以御寒。敦煌壁画中的世俗人物多此穿着，如隋代第281窟供养人"大都督王文通"，穿窄袖黄袍、幞头、乌皮靴。唐代第341窟、329窟、323窟、217窟等窟中许多供养人，均穿窄袖长袍、幞头、乌靴、革带、持笏。这种服饰，到盛唐时期才逐渐为新的形式"襕衫"所代替。所谓"襕衫"，《新唐书·车服志》里说："中书令马周上议：'《礼》无服衫之文，三代之制有深

①刘肃撰，许德楠、李鼎霞点校《大唐新语》（二），王云五主编《丛书集成初编》2741–2742，中华书局，1985年，第105页。

图3　西魏第285窟南壁　沙弥受戒自杀图的国王和长者

①（宋）欧阳修、宋祁等《新唐书》，中华书局，1975年，第527页。

衣。请加襕、袖、褾、襈为士人之上服。开骻者名曰缺骻衫，庶人服之。'"①因此，盛唐以后官吏多着襕衫，如盛唐第130窟所绘晋昌郡太守乐庭瑰，穿浅青襕衫，盘领褒博，袖较大，裙长至脚（图4）。

幞头，唐代官吏凡穿袍或襕衫者，均戴幞头。幞头是由汉晋幅巾或者燕巾逐渐演变而来，到北周时期才形成固定形式。《隋书·礼仪志》里说："用全幅皂而向后幞发，俗人谓之幞头。自周武帝裁为四脚，今通于贵贱矣。"如上述隋代第281窟男供养人戴黑幞头，平顶，二脚系脑后，二脚垂额前。马缟《中华古今注》卷中"幞头"条记载，唐初侍中马周作了一番改进，"与罗代绢，

图4　盛唐第130窟甬道北壁　晋昌郡太守礼佛图

又令重系前后，以象二仪，两边各为三撮，取法三才，百官及士庶为常服。"唐初叫软裹，盛唐以后外裹皂罗，头上二脚已不明显，脑后垂脚一般有五六寸，形成幞头基本形式，唯后垂二脚形式不一，有软脚、交脚、长脚、展脚、跷脚、硬脚、牛耳等，随时代变化而形式各异。如盛唐第45窟北壁"未生怨"和"十六观"故事画中的一些世俗男子，着襕衫、革带、乌靴，头戴长脚幞头，两脚长加带，自头后垂于肩臂。又如五代第108窟甬道北壁绘张淮庆等供养人像，头戴硬脚幞头，穿圆领大袖赭色汉装，手拿笏板（图5）。

图 5　五代第 108 窟甬道北壁　供养人

贵族妇女服饰

敦煌壁画中的贵族妇女形象，一部分穿插在经变故事中，大部分反映在供养人画像行列里，重要的服饰有下面几种：

大袖裙襦，汉晋以来，妇女的服装即以襦与裙组成。唐代承袭前代遗制，以大袖裙襦为贵族妇女的礼服，主要见于经变画中。如中唐第231窟东壁门上的女供养人头饰花钗，高髻，穿染缬大袖裙襦，披罗巾（图1）。《事物纪原·衣裘带服·大衣》云："唐则裙襦大袖为礼衣。"[1]《新唐书·车服志》亦云："淮南观察使李德裕令管内妇人衣袖四尺者阔一尺五寸。"[2]可见襦袖宽大已成风气，唐以来的敦煌壁画中，大袖裙襦比比皆是。如盛唐第217窟北壁"十六观"中的韦提希夫人、初唐第334窟西壁龛内《维摩诘经变》中的天女等，均身穿大袖裙襦。

①（宋）高承撰，李果订《事物纪原》（二），王云五主编《丛书集成初编》，中华书局，1985年，第108页。
②（宋）欧阳修、宋祁等《新唐书》，中华书局，1975年，第532页。

图1　中唐第231窟东壁门上　女供养人

图2　隋代第62窟东壁　女供养人

①（后晋）刘昫等《旧唐书》，中华书局，1975年，第1958页。

②（宋）欧阳修、宋祁等《新唐书》，中华书局，1975年，第879页。

③（清）彭定求编《全唐诗》第20册，中华书局，1960年，第7843页。

④（清）彭定求编《全唐诗》第13册，中华书局，1960年，第4692页。

　　窄衫小袖，敦煌壁画中隋唐时期的女供养人，多穿圆领窄袖衫，窄袖长垂，裙腰高束。如隋代第62窟东壁女供养人，圆领紧身窄袖衫，长裙，帔帛（图2）。初唐第329窟东壁女供养人，椎髻，圆领露胸窄袖衫，长裙，纱巾。这种新装，也称"胡服"，在唐代妇女之间非常流行。《旧唐书·车服志》里说："士女皆竞衣胡服。"① 《新唐书·五行志》亦云："天宝初，贵族及士民好为胡服胡帽，妇人则簪步摇钗，衿袖窄小。"② 唐代韩偓《袅娜》诗云："袅娜腰肢澹薄妆，六朝宫样窄衣裳。"③ 白居易《上阳白发人》亦云："小头鞋履窄衣裳。"④ 唐永泰公主墓画中的宫女，全部穿窄衫小袖，长裙披巾，与敦煌初、盛唐窄衫小袖服装完全相同。

　　半臂衫裙，隋唐时期妇女服装，又称半袖，一种半袖上衣。有对襟、套头、翻领或无领式样，袖长齐肘，身长及腰，以小带子当胸结住。因领口宽大，穿时袒露上胸。多穿在衫襦之外。流

行于隋代宫廷内，先为宫中内官、女史所
服，唐代传至民间，历久不衰。宋代高承
《事物纪原》记载："隋大业中，内宫多服半
臂，除即长袖也。唐高祖减其袖，谓之半
臂。"①马缟《中华古今注》卷中记载："尚
书右仆射马周上疏云：'士庶服章，有所未
通者。臣请中单上加半臂，以为得礼。'"故
"中单上加半臂"为唐代男女、士庶通服之
衣。如盛唐第 130 窟都督夫人穿碧罗花衫，
外套绛地花半臂；女十三娘也是身穿半臂
衫裙。另外，初唐第 323 窟南壁中的纤夫、
初唐第 375 窟南壁下部的女供养人、盛唐

图 3　盛唐第 217 窟东壁　观音经变　妇女

第 217 窟东壁北侧《观音经变》中的妇女等人物形象，均着半臂
之服（图 3）。

　　羃䍦帷帽，唐初曾一度流行过羃䍦，后改用帷帽，壁画中有
类似的形式。盛唐第 217 窟、103 窟《法华经变》"化城喻品"中，
骑骡马的妇女，身着大红长裙，脚穿乌靴，头戴黑色帷帽，帽上
戴笠，仅露面部，笠檐垂网，前拥项下，后披肩背，这是从羃䍦
转变到帷帽的中间形式（图 4）。《旧唐书·舆服志》里说："武德、
贞观之时，宫人骑马者，依齐、隋旧制，多着羃䍦，虽发自戎夷，
而全身障蔽，不欲途路窥之。王公之家，亦同此制。永徽之后，
皆用帷帽，施裙到颈，渐为浅露。……则天之后，帷帽大行，羃
䍦渐息。中宗即位，宫禁宽弛，公私妇人，无复羃䍦之制。开元
初，从驾宫人骑马者，皆着胡帽，靓妆露面，无复障蔽。士庶之
家，又相仿效，帷帽之制，绝不行用。"②宋人说帷帽是以障蔽风

①（宋）高承撰，
李果订《事物纪
原》（二），王云
五主编《丛书集成
初编》，中华书局，
1985 年，第 107 页。
②（后晋）刘昫等
《旧唐书》，中华书
局，1975 年，第
1957 页。

① （后晋）刘昫等《旧唐书》，中华书局，1975 年，第 1957 页。
② （宋）欧阳修、宋祁等《新唐书》，中华书局，1975 年，第 531 页。

尘的远行之服，与壁画中戴帷帽的人多为远行之形象吻合，这种服装与西北地区多风沙有关。

丈夫靴衫，亦称幞头靴衫，是参照北方少数民族便于骑射的胡服改进而成。

唐初，太平公主便身着紫衫玉带皂罗折上巾，歌舞于高宗和武后筵前。这种"束装似男儿"的装扮，在唐代蔚然成风，开元、天宝年间达到高潮。《旧唐书·舆服志》云："或有着丈夫衣服靴衫，而尊卑内外，斯一贯矣。"①《新唐书·车服志》亦记载："宫人从驾，皆胡帽乘马……有衣男子衣而靴，如奚、契丹之服。……开元中，……奴婢服襕衫，而士女衣胡服。"②吴道子《释迦降生图》中的执扇侍女、张萱《虢国夫人游春图》中的从骑、永泰公主墓

图 4　盛唐第 103 窟法华经变　骑骡妇女

图 5　盛唐第 130 窟　都督夫人出行图　侍婢

图 6　初唐第 205 窟西壁　女供养人

室壁画中的侍婢，均着幞头靴衫。敦煌盛唐第 130 窟《都督夫人礼佛图》中的侍婢，头裹薄如蝉翼的皂罗幞头，穿圆领襕衫，革带乌靴（图 5）。盛唐第 445 窟《剃度图》中的妇女多穿盘领和折领长衫的胡服，均属此类服装。

帔帛，古代妇人围巾。始于何时，其说不一。宋代高承《事物纪原·衣裘带服·帔》云："三代无帔说，秦有帔帛，以缣帛为之。汉即以罗，晋永嘉中，制绛晕帔子。"五代马缟《中华古今注》卷中"女人帔帛"云："古无其制，开元中，诏令二十七世妇及宝林御女良人等，寻常宴参侍令，披画披帛，至今然矣。"隋唐时期，妇女凡穿衫裙者多披帔帛，如隋代第 295 窟、初唐第 205 窟、盛唐第 130 窟中供养人像所披（图 6）。这种帔大概是从外国传来的，《魏书·波斯传》里说："其俗丈夫……亦有巾披，缘以织成，妇女服大衫披大帔。"《旧唐书·西戎传》里也说："波斯国……妇人亦巾帔衫裙，辫发垂后。"可见隋唐时代妇女穿窄衫小袖，披帔帛，与波斯的风俗颇有关系。

武士服饰

在敦煌壁画和彩塑中，很多天王形象实际上就是当时戍边将士的真实写照；一些故事画中的作战场面或帝王图中，也有不少武士形象。这些人物的穿戴也是珍贵的服饰资料，其主要有：

兜鍪，即头盔，古称"胄"，战士护首御兵之冠。秦汉以后叫兜鍪，亦名首铠、头鍪。《后汉书·袁绍传》："绍脱兜鍪抵地。"亦作兜牟，《新五代史·李金全传》："晏球攻王都于中山，都遣善射者登城射晏球，中兜牟。"西汉临淄齐王墓出土有铁质兜鍪实物。敦煌石窟中之神将、武士，首多覆此。如初唐第322窟西壁龛内北侧的天王，头戴盔，肩胸饰甲，身着战裙，足穿毡靴。盛唐第194窟西壁龛内北侧天王、中唐第159窟西壁龛内南侧天王及宋代第55窟佛坛上南侧天王亦戴头盔（图1）。

铠甲，古代将士穿在身上的防护装具。中国先秦时，主要用皮革制造，称甲、介、函等；战国后期，出现用铁制造的铠，皮质的仍称甲；唐朝和宋朝以后，不分质料，或称甲，或称铠，或铠甲连称。据《唐六典》卷16记载："甲之制十有三：一曰明光甲，二曰光要甲，三曰细鳞甲，四曰山文甲，五曰乌锤甲，六曰白布甲，七曰皂绢甲，八曰布背甲，九曰步兵甲，十曰皮甲，十有一曰木甲，十有二曰锁子甲，十有三曰马甲。"又云："明光、光要、细鳞、山文、乌锤、锁子皆铁甲也，皮甲以犀兕为之，其余皆因所用物名焉。"甲的形状有鱼鳞，有长方，均为铜、铁等金属做成，并有亮光，故名"金甲"。敦煌壁画、塑像中，如西魏第285窟西壁绘四天王身着联锁圆形金甲（图2）、盛唐第45窟天王着连环扣叠的锁子甲，均为金甲。壁

图1　宋代第55窟佛坛南侧　天王

画、塑像中之金甲，来自现实生活。S.1898
记载隋大业五年（609 年）六月十五日，
发给队副贾□、队长汪异名下"金甲廿五
具并光明"，说明戍守敦煌的军士多着金
甲，即锃锃发亮的铁甲。而初唐第 333 窟
天王、中唐第 194 窟天王塑像身上之甲，
看上去像是皮质，即可能是皮甲。

图 2　西魏第 285 窟西壁　天王

　　战袍，古代巡防、护卫军士常服。一
般说来，武士作战时穿甲胄，平时多服袍
衫，但作战中也有穿战袍的。如初唐第
332 窟南壁、盛唐第 130 窟东壁《涅槃经
变》"八王争舍利图"中的各族武士，均着盘领窄袖袍，紧身，长
至膝下；戴各种皮帽、毡帽；穿革带乌靴（图 3）。明人刘秩《裁
衣行》诗云："裁衣须裁短短衣，短衣上马轻如飞。缝袖须缝窄窄
袖，袖窄弯弓不碍肘。"说明这种窄袖战袍适应作战需要。

　　衩衣，古代武士骑马服。衣长至膝，下部开长衩，故名。唐
代王建《宫词》："每到日中重掠鬓，衩衣骑马绕宫廊。"[1]晚唐第

①（清）彭定求编
《全唐诗》第 10 册，
中华书局，1960 年，
第 3446 页。

图 3　初唐第 332 窟南壁　八王分舍利

图4　盛唐第45窟南壁　大将军

156窟《河西节度使张议潮统军出行图》、五代第100窟《归义军节度使曹议金出行图》、五代第61窟《维摩诘经变》中的仪卫，盛唐第45窟《观音经变》中的大将军及强盗等，均着此服（图4）。

　　褠衣，即臂衣，犹今之袖套，古代射手服装。褠，古同"鞲"，或作"韝"。射韝，射箭用的皮制臂套。《仪礼·乡射礼》："袒决遂。"汉代郑玄注："遂，射韝也，以韦为之，所以遂弦者也。"《说文·韦部》："韝。"清代段玉裁注："射韝者，《诗》之拾，《礼经》之遂，《内则》之捍也……凡因射著左臂谓之射韝，非射而两臂皆著之以便于事，谓之韝。"唐代沈佺期《三日独坐骊州思忆旧游》诗云："童子成春服，宫人罢射韝。"[1]

此服既可便于射手引箭张弓，又可护臂。五代第98窟、61窟背屏"凉州瑞像因缘故事"中的李师仁，骑马，着朝天幞头，赭色

图5　五代第98窟背屏　猎手

①（清）彭定求编《全唐诗》第4册，中华书局，1960年，第1050页。

上衣，两臂俱着有褠衣（图5）。五代第
346窟南壁所绘射手亦着此服。

红巾抹额，武士戎装之一。《中华
古今注》云："不被甲者以红绢抹其首
额……抹额盖武士之首服，皆佩刀以为
卫从。"敦煌壁画中之刑吏、门卫、射手
等均服之，如西魏第285窟《五百强盗
成佛》故事画中之挖眼刑吏，碧裤、白
裤，行縢，麻鞋，红巾包头（图6）。盛
唐第320窟、172窟"未生怨"故事宫
廷政变图中逮捕国王之武士，鹑衣，白
裤，乌鞋，佩刀，幞头上加红巾系于额。
盛唐第45窟《观音经变》中刑吏亦红巾
帕首。红巾抹额或红巾帕首，由来已久，
秦始皇时已是军容之服。唐代韩愈《送
幽州李端公序》："司徒公红袜首、靴裤、
握刀。"又《送郑尚书序》："府帅必戎服，
左握刀，右属弓矢，帕首裤靴迎于郊。"
所说武士戎装，与唐代壁画中所见略同。

裤褶，即袴褶，北方胡服。春秋战
国时期赵武灵王"胡服骑射"就以裤褶
为戎装，其制上衣曰褶，下裳曰袴。北
魏第254窟北壁《尸毗王本生》中掌秤
的人，戴白毡帽，穿圆领条纹皂褶，白
裤，腰束络带，长筒乌靴（图7）。颜

图6　西魏第285窟南壁　五百强盗成佛

图7　北魏第254窟北壁　掌秤人　段文杰临

①史游撰，颜师古注，王应麟补注，钱保塘补音《急就篇》，王云五主编《丛书集成初编》1052，中华书局，1985年，第144页。

师古注《急就篇》云："褶谓重衣之最在上者也。其形如袍，短身而广袖。"① 是唐代六品以下通用之服，也是帝王巡幸时随从官吏、仪卫武士所着之服。如初唐第220窟《维摩诘经变》"帝王图"中持障扇的侍卫，头戴进贤冠，着交领大袖朱褶，腰束革带，内着白纱中单，外套绯褶盖裆，穿白裤，芒屩，腕有臂繷，膝有缚裤。

西北民族服饰

敦煌壁画中绘有匈奴族、鲜卑族、吐蕃族、回鹘族、党项族、蒙古族等形象，因此为我们保存了大量珍贵的民族服饰图像资料。如：

卷檐毡帽，由羊毛制成，敦煌壁画中可见三种形式，一种是中央隆起，周边设沿卷而向上，如盛唐第45窟南壁《观音经变》中遇盗之胡商所戴之白毡帽（图1）。一种是卷荷形，帽檐为圆形，较宽，向上翘，如中唐第158窟北壁《涅槃经变》"举哀图"中各

图1　盛唐第45窟南壁　胡商遇盗

图 2　中唐第 159 窟东壁　吐蕃赞普礼佛图　李其琼临

国王子之一。另一种是半卷形，其形类似魏晋时期的小冠，又形
如簸箕、牛舌头，俗称牛舌毡帽。该帽额前卷檐向前伸出，其余
向上卷；若遇寒冷风雪时，把卷檐翻下，可以护住脖颈耳朵。西
魏第 285 窟北壁男供养人就戴这种卷檐毡帽。关于毡帽和西北少
数民族的关系，如慧超《往五天竺国传》中记载：“从大食以东，
并是胡国，即是安国、曹国、史国、石骡国、米国、康国……衣
着叠衫裤等及皮裘……此等胡国，并剪须发，爱着白毡帽子。”唐
刘言史《王中丞宅夜观舞胡腾》诗云：“织成蕃帽虚顶尖，细毡胡
衫双袖小。”[1]

　　吐蕃装，即吐蕃族之衣冠。中唐第 159 窟、231 窟、237 窟等窟
壁画均有吐蕃赞普和侍者的形象。一般特点为官吏庶民均着左衽长
袖缺骻衫，腰束革带，长靿乌靴，辫发束髻于耳侧，项饰瑟瑟珠。

[1]（清）彭定求编
《全唐诗》第 14 册，
中华书局，1960 年，
第 5324 页。

①（宋）欧阳修、宋祁等《新唐书》，中华书局，1975年，第6103页。

②（后晋）刘昫等《旧唐书》，中华书局，1975年，第5222页。

③（清）彭定求编《全唐诗》第21册，中华书局，1960年，第8492页。

④（宋）欧阳修、宋祁等《新唐书》，中华书局，1975年，第6103页。

赞普（君主）头戴红毡高帽，佩长剑，前有侍者捧香炉，后有侍者张龙首曲柄盖，侍者身佩腰刀（图2）。《新唐书·吐蕃传下》记载：赞普"身被素褐，结朝霞冒首，佩金镂剑"①。朝霞冒首，即指红毡高帽红如朝霞。《太平寰宇记》谓吐蕃风俗"重汉缯而贵瑟瑟，男女用为首饰"，"男女皆辫发，毡为裘，赭涂面"。这些记载与图像相符，唯所有吐蕃人颜面色彩与汉人一样，壁画上未见"赭涂面"。据《旧唐书·吐蕃传上》云：贞观年间，文成公主入藏后，"公主恶其人赭面，弄赞令国中权且罢之，自亦释毡裘，袭纨绮，渐慕华风"②。壁画中的吐蕃赞普像，已是绘于革除赭面风俗百年之后，故敦煌壁画中的吐蕃装，已如唐人陈陶《陇西行》一诗中所说："自从贵主和亲后，一半胡风似汉家。"③但仍具有鲜明的吐蕃服饰特色。

大虫皮，又称全波罗皮，即虎皮。吐蕃武士服装之一。《新唐书·吐蕃传下》谓：吐蕃人在墓丘之旁作屋，"赭涂之，绘白虎，皆房贵人有战功者，生衣其皮，死以旌勇"④。初唐第205窟的一身天王塑像，内着绣铠甲，外披虎皮，即大虫皮。中唐第231窟吐蕃赞普礼佛图中赞普身后有一位身穿虎皮上衣、腰系豹皮围裙的侍卫（图3），合于吐蕃着虎豹衣的军制。中唐第144窟供养人题名中有"大虫皮康公之女"记载，这里的大虫皮是指吐蕃官制。

回鹘装，回鹘族妇女衣冠妆。敦煌地区在曹氏归义军时期（五代、北宋），由于曹氏与回鹘数代联姻，故这一时期的敦煌壁画中多有回鹘装

图3　中唐第231窟东壁　吐蕃赞普礼佛图中的侍卫　李其琼临

供养人画像。这些女供养人画像头束高髻，两鬓抱面，红绢束髻，髻上戴金凤冠，身着翻领小袖，通身红袍，后裾曳地，脚穿平头绣花鞋（图4）。与《新五代史·四夷附录》"回鹘妇人总发为髻，高五六寸，以红绢囊之"[①]的记载相符。但出嫁后冠服则略有不同，据同书记载，回鹘妇人"既嫁，则加毡帽"，又据《旧唐书·回鹘传》，谓回鹘可敦（可汗妻）服"通裾大襦，皆茜色"[②]。在五代第100窟中有曹议金夫人回鹘公主穿茜色大袍、头戴毡笠的骑马形象，与文献记载完全吻合。

图4　五代第98窟东壁北侧　回鹘公主供养像

　　质孙，又称吕孙、济逊、曳撒、一撒，皆音译之异名。汉意为"一色服"，蒙古族服装之一，是上衣下裳相连的袍式一色服。衣式紧窄，下裳较短，腰间多襞褶，衣肩背之间贯以大珠。郑思肖《心史》有诗云："鬃笠毡靴搭护衣，金牌骏马走如飞。"此"搭护衣"即"一色服"——质孙加半臂，是便于乘骑的戎装。如第332窟甬道南壁元代绘蒙古族武士画像，头戴卷檐笠帽，帽后垂巾，窄袖衫外套半臂，肩上饰比肩，脚穿毡靴，即诗中之"鬃笠毡靴搭护衣"。

　　顾姑冠也称姑姑冠、罟罟冠。蒙古族王公贵族妇女服饰。第332窟甬道北壁元代绘有蒙古贵族妇女像，头戴高帽，其形如瓶，饰一杖，身穿红色大袍，饰以缬花，曳地数尺，后有侍女提携随行，脚穿毡靴（图5）。赵珙《蒙鞑备录》说："所衣如中国道服之

①（宋）欧阳修《新五代史》，中华书局，1974年，第916页。
②（后晋）刘昫等《旧唐书》，中华书局，1975年，第5212、5213页。

图 5　第 332 窟甬道北壁　元代绘　女供养人　　　图 6　榆林窟西夏第 29 窟南壁东侧　男
供养人（武官）

类，凡诸酋之妻，则有顾姑冠，用铁丝结成，形如竹夫人，长三尺许，用红青锦绣
或珠金饰之，其上又有杖一枝，用红青绒饰之；又有纹袖衣，如中国鹤氅，宽长曳
地，行则两女奴拽之。"图与文几乎完全吻合。

　　金贴起云镂冠，西夏武官服饰。榆林窟第 29 窟有西夏武官形象，头戴金贴起云
镂冠，两侧饰翼，身穿圆领窄赭袍，下有横襕，以示下裳，两腹束护髀，腰垂长带，
脚蹬乌皮靴（图 6）。这就是《宋史·夏国传》所述之"武职则冠金贴起云镂冠，银
贴间金镂冠，黑漆冠，衣紫旋襕，金涂银束带"，"垂红缨"，记述与壁画基本相符。

庶民百姓服饰

　　敦煌壁画中亦有不少一般平民百姓的形象，衣着相对简单，主要有下列几种：

　　缺骻衫，即开衩的长袍衫，是唐代普遍流行的服装。袍是复衣，秋冬所服；衫
是单衣，春夏所服。自马周改制襕衫以后，"缺骻衫"在庶民中普遍流行。如盛唐
第 45 窟南壁《观音经变》中的船夫，榆林窟中唐第 25 窟北壁《弥勒经变》中正在
扬场、耕作的农夫，均穿两侧开衩的长衫，头戴笠帽或裹幞头。中唐第 159 窟、231

窟、360 窟等窟中耕地的农民，也头戴笠帽，身穿缺胯衫，白裤，芒屩。五代第 98 窟东壁《维摩诘经变》中的舞师与酒童也身穿缺胯衫（图 1）。

笠帽半臂，笠帽和半臂同时穿戴，故名。笠帽，单称笠，以竹篾编织而成，夹以笋壳或棕等，与今所见者类似。亦有毡制的，名毡帽；以皮革制成的"皮笠子"，属戎装。半臂，即短袖衣，此服贵妇、士庶及劳动者均通用，但质地、做工及衣饰等相差甚远。贵妇着质高且华丽的衣裙，外套半臂以作美饰之服；劳动者则是在质差的中单之外加半臂，制作亦粗。劳动者多以笠帽与半臂同时穿戴，以方便户外作业。敦煌壁画中初唐第 323 窟南壁的纤夫（图 2）、盛唐第 23 窟北壁《法华经变》里雨中耕作的农夫、盛唐第 45 窟南壁《观音经变》中的舵师，以及很多《弥勒经变》中的农夫，均头戴笠帽，内穿缺胯衫，外套半臂，下着白裤，足蹬芒屩（麻鞋）。如《新唐书》卷 134 列传 59 记载："篙工柂师皆大笠、侈袖、芒屩……衣缺胯衫、锦半臂。"[1]与壁画中人物完全相符合。

犊鼻裤，古代的亵衣，即贴身短裤。据《史记·司马相如列传》记载，司马相如"买一酒舍酤酒，而令文君当垆。相如身自着犊鼻裤，与保庸杂作，涤器于市中"。关于"犊鼻裤"，其"集解韦昭曰：'今三尺布作形如犊鼻矣。称此者，言其无耻也。今铜

① （宋）欧阳修、宋祁等《新唐书》，中华书局，1975 年，第 4560、4561 页。

图 1 五代第 98 窟东壁 维摩诘经变 舞师与酒童

图 2　初唐第 323 窟南壁　纤夫

印犊纽，此其类矣。'"犊鼻裤的制作非常简单，明代田艺蘅《留青日札·裤袴松》："
（犊鼻裤），以三尺布为之，形如牛鼻，盖前后各一幅，中裁两尖，裆交矮，即今之
牛头子裤，一名梢子。"犊鼻裤作为贴身内裤，一般不外穿，但敦煌壁画中的农夫、
屠户、泥匠、篙工，多裸体着黑布或白布"犊鼻裤"，如北周第 296 窟窟顶南披《善
事太子入海品》中的农夫和屠户，初唐第 321 窟南壁《宝雨经变》中修建房屋的泥

匠。从事特殊活动的人物，如北周第 290 窟人字披《佛传》中进行相扑活动的太子等人，也裸上身，下穿犊鼻裤。另外，宋代第 76 窟东壁《八塔变》的人物，无论男女贵贱，大多裸体穿犊鼻裤，这可能和印度风俗有关（图 3）。穿犊鼻裤者，其腰间多系带；裤的长短不一，或短与裆齐，或长过膝，应该与其工作或活动需要有关，确切地说，是以方便为本。

芒屦，即草鞋或麻鞋、棕鞋。唐代伊用昌《题茶陵县门》诗云："夜后不闻更漏鼓，只听锤芒织草鞋。"[1]该诗题注亦称："江南有芒草，茶陵民采之织履。"唐代皮日休《樵径》诗亦云："花

① （清）彭定求编《全唐诗》第24册，中华书局，1960年，第9733页。

图 3　宋代第 76 窟东壁　八塔变（部分）

①（清）彭定求编《全唐诗》第18册，中华书局，1960年，第7048页。
②（清）彭定求编《全唐诗》第7册，中华书局，1960年，第2272页。
③唐圭璋编《全宋词》第1册，中华书局，1965年，第288页。

穿枲衣落，云拂芒鞋起。"①唐代杜甫《述怀一首》诗云："麻鞋见天子，衣袖露两肘。"②北宋苏轼《定风波·莫听穿林打叶声》词云："竹杖芒鞋轻胜马。"③由此可见唐宋时期普通百姓穿草鞋或麻鞋非常普遍。敦煌壁画中如盛唐第45窟南壁《观音经变》中的强盗、五代第61窟西壁《五台山图》中的佛陀波利以及朝山者，盛唐第148窟西壁《涅槃经变》"出殡图"中送葬者、中唐第158窟南壁奔丧的迦叶、榆林窟西夏第29窟南壁的三身侍者童子等（图4），都脚穿草鞋或麻鞋。但也有官员穿芒屦的，如五代第61窟东壁的执球杖侍奉官。

窄衫小袖，是唐初的"胡服"，也是唐初贵族妇女和庶民通用的服制。唐时非常流行，如晚唐第156窟南壁《张议潮统军出行图》和五代第100窟南壁《曹议金统军出行图》中之男女歌舞乐

图4　榆林窟西夏第29窟南壁　侍者童子

图5　五代第146窟西壁　外道信女

伎，均身穿窄衫小袖；五代第 146 窟西壁《劳
度叉斗圣变》中的外道信女头梳高髻，身着
窄袖紧身花衫，束彩裙，虽然花枝招展，但
也是当时平民女子的日常衣着（图 5）。

追新求异的发髻

最初，人们为了便于劳作，对头发进行
梳理、捆扎，于是产生了发髻。后来在阶级
社会里，发髻被用以"分尊卑、别贵贱、辨
亲疏"，成了人们社会地位和阶级属性的标
志，同时也体现了不同的审美情趣。敦煌壁
画中保存有大量不同时代的发髻，式样繁多，这里只介绍其中唐
代女性的发髻。

图 1　初唐第 329 窟　女供养人（段文杰临）

在敦煌壁画中，唐代女性的发髻有多种形式：

"椎髻"，如初唐第 329 窟中的女供养人和晚唐第 196 窟中的
魔女"一撮之髻，其形如椎"（《汉书·李陵传》）（图 1）。椎髻也
可以谓作高髻，即高耸头顶之髻，是古老式样的一种新发展，汉
代就有"城中好高髻，四方高一尺"的说法[1]。敦煌藏经洞出土
P.4638《孔公浮屠功德铭》中有"盛椎髻而孤标"之语，另外在西
安、洛阳、太原、新疆等地出土初唐墓壁画和陶俑中，多有此种
不插花钗的椎髻，可见这是一种流行时间长、地域广的时妆。

抛家髻，是开元、天宝时期的新妆，两鬓抱面，余发束于头
顶，作各式髻子。据《新唐书·五行志》记载："唐末，京都妇人
梳发以两鬓抱面，状如椎髻，时谓之'抛家髻。'又世俗尚以琉璃
为钗钏，近妖服也。抛家、流离，皆播迁之兆云。"[2]隐喻安禄山

①（宋）范晔撰，
李贤等注《后汉
书》卷 24，中华
书局，1965 年，第
853 页。
②（宋）欧阳修等
《新唐书·五行志》
卷 34，中华书局，
1975 年，第 879 页。

图 2　盛唐第 445 窟　弥勒经变中的宫女　史苇湘临

叛乱之后，唐王室流离失所，百姓抛家外逃之意。唐·段成式《髻鬟品》也有记载："长安城中有盘桓髻、惊鹄髻，又抛家髻及倭堕髻。"抛家髻在壁画中颇多，盛唐第 130 窟都督夫人及其女儿、初唐第 205 窟女供养人、盛唐第 445 窟《弥勒经变》中的一些宫女，发式便是抛家髻（图 2）。这种不插或者少插花钗的头饰，大约就是敦煌曲子词《倾杯乐·窈窕逶迤》中所说的"素绾乌云髻"[①]，它与传世唐画《捣练图》《虢国夫人游春图》《纨扇仕女图》中妇女的发髻也基本相同。

半翻髻，发髻高耸如翼而向一边倾斜。半翻髻又叫"单刀髻"或"刀形半翻髻"，按其形状、制法可能属于假髻。唐初时流行于宫中，唐代段成式《髻鬟品》里有"高祖宫有半翻髻、反绾髻、乐游髻"之语。莫高窟初唐第 375 窟南壁下层女供养人中的主人都头梳半翻髻（图 3），榆林窟中唐第 25 窟北壁《弥勒经变》中的劳动妇女亦头梳半翻髻（图 4）。

①吴肃森《敦煌歌辞选注》，辽宁人民出版社，1991年，第 76 页。

图 3　初唐第 375 窟南壁　女供养人

图 4　榆林窟中唐第 25 窟北壁　农妇

①（清）彭定求编《全唐诗》第 7 册，中华书局，1960年，第 2335 页。

　　双丫髻，又称为"双角髻""双童髻""总角"等。顾名思义，这种髻式即是将发在头顶两边各扎成一个小髻而得名。这种髻多为侍婢、童仆或男女儿童常梳的发式，未婚的青年女子也有梳这种发髻的，但一般为贫家女儿，如"江头女儿双髻丫，……插髻烨烨牵牛花"，便是北宋诗人陆游《浣花女》一诗中对渔家女儿发髻的生动描写。敦煌壁画中也多为侍婢梳双丫髻，如初唐第 375 窟南、北壁下层女供养人中的侍女或梳双丫髻，或梳椎髻，身穿窄袖衫裙，或持扇，或捧物，或合十，跟随在主人身后。晚唐第 156 窟中抱奁侍女也是或梳双丫髻，或梳椎髻（图 5）。

　　双垂鬟髻，将头发分成两部分，在头的两侧各盘卷一髻垂下的发式。有鬟而下垂者，叫作双垂鬟髻；无鬟而又不下垂，并梳于头两侧的发式，则直谓曰双髻。一般未婚女子或侍女、婢伎、童仆等都梳这种发式，自汉至明在民间较流行。唐代杜甫《负薪行》诗云："至老双鬟只垂颈，野花山叶银钗并。"[①]说唐代女子"至老"还没出嫁，仍"双鬟垂颈"（双垂鬟髻）。如盛唐第 130 窟《都督夫人太原王氏礼佛图》中的四个侍女便鬟垂双鬟（图 6）。敦煌藏经洞出土 S.1441 曲子词《柳青娘·青丝髻绾》云："青丝髻绾

图 5　晚唐第 156 窟　抱奁婢女　李其琼临

图 6　盛唐第 130 窟　侍女　段文杰临

脸边芳。"正是对双垂鬟髻的形象描写。

双鬟望仙髻，流行于初唐及盛唐时期，梳结方式是由正中分发，将头发分成两股，先在头顶两侧各扎一结，然后将余发弯曲成环状，并将发梢编入耳后发内。梳这种形式的发髻，以少女为多，中年以上的妇女似不多见。敦煌壁画如中唐第154窟北壁《报恩经变》"树下弹筝图"中公主的头饰，以及榆林窟中唐第25窟南壁西端"未生怨"中韦提希夫人和北壁《弥勒经变》中的玉女便头饰双鬟望仙髻（图7）。

图 7　榆林窟中唐第 25 窟北壁　玉女

敦煌壁画中的发髻式样很多，这里只择其一二介绍。

多样化的插梳方式

古代的梳子，既是一种必备的梳理用具，又是古代妇女的一种重要的装饰品。作为人类物质创造和精神创造的综合产物，梳子不仅记录了社会生活状态的变化，同时也记录了人们审美观的变化。

梳子在敦煌壁画中主要以不同的插梳方式来表现，其妇女的插梳方式可分为以下六类：

一、在前额上方正中插一把梳。这种插法是最简单最实用的插法，可固定额部前的头发，又具有装饰作用。初唐第220窟的女供养人、盛唐第130窟《都督夫人太原王氏礼佛图》中的女十三娘、中唐第159窟西壁佛龛下女供养人及侍从、中唐159窟《挤奶图》中左下角的妇女、晚唐第12窟《嫁娶图》中的妇女、晚唐第107窟东壁北侧下部女供养人的发髻上，都能见到这种插法（图1）。第107窟中的女供养人为身份低下的婢女的画像，这说明插梳在唐代已经相当普及，不仅表现在贵妇们的发髻上，一般妇人的发髻上也有所表现，正体现了爱美之心人皆有之。

图1　晚唐第107窟　女供养人
李其琼临

图2　晚唐第144窟东壁女供养
人　段文杰临

图3　晚唐第9窟女供养人　常
沙娜临

图4　盛唐第130窟都督夫人　段
文杰临

图5　盛唐第130窟都督夫人
太原王氏供养像　段文
杰临

图6　晚唐第9窟东壁女供养人
史苇湘临

二、在前额上方正中插一对梳。其中分为两种插法，一种为两梳一上一下梳齿相对而插。这种插法见于晚唐第144窟东壁女供养人及其身后年长女仆（图2）、晚唐第196窟女供养人的发髻上。

其二为两梳一上一下梳背相对而插。这种插法见于初唐第220窟的女供养人和晚唐第9窟女供养人（贵妇人）的发髻上，头上所插的两把梳子各有十齿（图3）。

三、在前额上方与头两侧各插一梳。这种插法见于盛唐第130窟《都督夫人太原王氏礼佛图》中的都督夫人和女十一娘的头上。都督夫人前额上方为一长柄梳，柄为橘黄色，色彩鲜艳，可能为目前敦煌壁画中唯一的一把带柄梳。梳背上镶有四颗宝石。颜色为红、绿、蓝，右侧所插梳的形状为无柄。梳背均为半圆形（图4）。女十一娘头饰插梳的梳背上镶有六颗宝石。颜色为红、绿、蓝，非常鲜艳（图5）。因人物是侧面像，脸部左侧见不到，但推测在左侧也应插有一梳，颜色也应为红、绿、蓝，呈对称式分布。

晚唐第9窟东壁女供养人中的第一身贵妇的头上，在前额上插一对梳，两梳一上一下相对而插，并在左鬓上插一把似簸箕形的梳，看上去很别致（图6）。

四、在前额上方与两鬓上共插三对梳，每梳一上一下相对而插。如五代第98窟东壁归义军节度使曹议金家族的女眷头戴凤冠、花钗冠和白角冠，她们均头饰三对梳，有的梳背上有三瓣小花的图案，有的梳背上有似云气纹的图案，颜色有蓝、白、土黄（图7）。

另外，在晚唐第138窟和五代第61窟、427窟、454窟以及宋代第256窟、192窟、

图7　五代第98窟东壁贵妇　范文藻临

图8　中唐第468窟西壁龛下北侧　　　图9　唐代绢画　亡灵　　　　　图10　五代绢画　亡灵
的女供养人　李之檀临

175窟等窟中的女供养人头上也插有三对梳。

五、在后脑插一把梳。如中唐第468窟西壁龛下北侧的一位执扇侍女，头梳高髻，后脑上插有一梳（图8）。又如榆林窟中唐第25窟北壁绘有三位少女，她们头梳中唐流行的抛家髻，两侧鬓发抱面，发髻上插绿花钗，在第一身与第三身少女的后脑还依稀能看见插有一梳的痕迹。

敦煌藏经洞出土绢画也有此插法，如唐代《引路菩萨图》（9世纪末）中的贵妇人（亡灵）也是此种插法，在她左脑侧后能见到一红色梳背（图9）。五代《引路菩萨图》（10世纪初）中的贵妇人（亡灵）也正是此种插法，小小的一把梳更衬托她的宁静而恬美（图10）。从藏经洞出土绢画中也可看出，去世的人都要把梳子作为一种心爱之物带走，由此可见梳子对人的重要性，亦是人们生活的必需品。

六、在后脑插多把梳。这种插法见于中唐榆林窟第25窟北壁三少女中间一人，从她的后脑上还依稀能看见左侧和中间的位置插有两梳的痕迹，颜

图11　中唐　榆林窟第25窟北壁　少女

色为黑色，可能是变色之故。画面上虽见不到头部右侧，但右侧
可能也插有一把梳。这正是所谓"蛮鬟椎髻"，而满头施小梳，也
是中晚唐最流行的时髦装饰（图 11）。

敦煌壁画中所绘妇女的不同插梳方式可能与一定的身份、地
位有关，反映了不同的审美情趣，同时可以看到当时妇女崇尚插
梳，几乎达到如醉如痴的程度，正如唐人王建《宫词》中"玉蝉
金雀三层插，翠髻高耸绿鬓虚；舞处春风吹落地，归来别赐一头
梳"、温庭筠《菩萨蛮》中"小山重叠金明灭，鬓云欲度香腮雪"、
元稹《梦游春七十韵》中"丛梳百叶髻，金蹙重台屦"及《恨妆
成》中的"满头行小梳，当面施圆靥"、白居易《琵琶行》中"钿
头云篦击节碎"、温庭筠《游庐寺》"宝梳金钿筐"等等，都是当
时妇女头饰插梳方式的真实描述。

争奇斗艳的面饰

敦煌壁画中的唐代女性不仅在头饰上追新求异多变，而且还
尽可能地在脸上精心做各种妆饰，以迎合当时的审美观和心理。
因此，开额、画眉、制蝉鬓、涂胭脂、抹铅粉、点口脂、晕额黄、
贴花钿、画花子等风俗广泛流行。

开额，就是把额前的头发剃掉，让发际线上移，使得额头部
分变大。这相当于在额头上腾空了一个宽阔的舞台，舞台上由那
对描画出来的眉形唱主角。

唐代妇女画眉之风非常流行，唐玄宗曾命画工绘《十眉图》。
敦煌壁画中的眉主要有两类：一类是长眉，以黑或黑与石绿画成，
即白居易《上阳白发人》诗中所谓"青黛点眉眉细长"[1]。初、盛
唐时期所绘的菩萨和女供养人多作此种黛眉或翠眉，通称蛾眉。

[1]（清）彭定求编
《全唐诗》第13册，
中华书局，1960年，
第4692页。

图 1　中唐第 159 窟女供养人　常沙娜临

① 吴肃森《敦煌歌辞选注》，辽宁人民出版社，1991年，第 76 页。
② （清）彭定求编《全唐诗》第 12 册，中华书局，1960年，第 4643 页。
③ （清）彭定求编《全唐诗》第 25 册，中华书局，1960年，第 10057页。
④ 吴肃森《敦煌歌辞选注》，辽宁人民出版社，1991年，第 65 页。
⑤ （清）彭定求编《全唐诗》第 12 册，中华书局，1960年，第 4413 页。
⑥ （清）彭定求编《全唐诗》第 6 册，中华书局，1960年，第 2056 页。

如初唐第 329 窟、中唐第 159 窟、晚唐第 138 窟中的女供养人（图 1）。敦煌曲子词《倾杯乐·窈窕逶迤》中亦云："翠柳画蛾眉。"①一类是短眉，元稹《有所教》一诗中说："莫画长眉画短眉，斜红伤竖莫伤垂；人人总解争时势，都大须看各自宜。"②可见各式各样的短眉，也是盛唐时期的一种时妆。盛唐第 130 窟都督夫人一家及侍婢，均作短眉，宽而浓（图 2）。此类短眉也见于晚唐第 107 窟的女供养人和藏经洞出土的绢画《引路菩萨》中的仕女等。

蝉鬓，古代妇女的一种发式，据记载最初由魏文帝曹丕的宫人莫琼树所制，它是两鬓的装饰，将两鬓梳得很薄而透明，形如蝉翼，故称"蝉鬓'。古诗中形容妇女经常有"云鬟雾鬓"之句，薄而透明的蝉鬓与厚而高实的发式结合与对比，使妇女的发型富于变化而别致。因此，蝉鬓既是发式也是面饰。隋唐时期流行蝉鬓，隋代薛道衡《昭君辞》："蛾眉非本质，蝉鬓改真形。"唐代白居易《长相思》："深画眉，浅画眉，蝉鬓鬅鬙云满衣。"③敦煌曲子词《南歌子·奖美人·斜倚朱帘立》："蝉鬓因何乱？"④敦煌壁画中如初唐第 71 窟北壁《阿弥陀经变》中的菩萨、盛唐第 445 窟南壁《阿弥陀经变》中的伎乐、盛唐第 45 窟北壁"未生怨"中的侍女、榆林窟中唐第 25 窟北壁"老人入墓"中的妇女，其两鬓似梳饰蝉鬓（图 3）。

唐代妇女多使用胭脂，李贺《贺复继四首》："燕脂拂紫绵。"⑤岑参《敦煌太守后庭歌》："美人红妆色正鲜，侧垂高髻插金钿。"⑥敦煌曲子词《柳青娘·碧罗冠子》中亦云："故作胭脂轻轻染，淡

图 2　盛唐第 130 窟　侍女　段文杰临　　　　图 3　榆林窟第 25 窟北壁　老人入墓中的妇女

施檀色注歌唇。"敦煌壁画中的女子涂胭脂，多涂在面部的两颊，绘成蛋形，如莫高窟盛唐第 217 窟的仕女、中唐第 159 窟和晚唐第 9 窟、12 窟、138 窟、144 窟中的女供养人两颊均涂胭脂晕染（图 4），亦如 P.3137 敦煌曲子词《南歌子·奖美人》所描述："翠柳眉间绿，桃花脸上红。"①

　　抹铅粉，唐代白居易《代书诗一百韵寄微之》云："铅粉凝春态，金钿耀水嬉。"②王仁裕《开元天宝遗书》记载："宫中嫔妃辈，施素粉于两颊，相号为泪妆……"南宋吴文英《花犯·郭希道送水仙索赋》亦云："小娉婷，清铅素靥，蜂黄暗偷晕，翠翘敲鬓。"③莫高窟如中唐第 159 窟《挤奶图》中手捧钵站立门前的妇女（图 5），盛唐第 445 窟的宫女，盛唐第 217 窟《得医图》、第 45 窟《未生怨》故事中的妇女，脸部多涂素粉，不施胭脂，头上也多不作钗饰。这种素妆更显得自然妩媚，玉骨轻柔，正如 P.2838 敦煌曲子词《浣溪沙·髻绾湘云》里所云："髻绾湘云淡淡妆，早

①吴肃森《敦煌歌辞选注》，辽宁人民出版社，1991 年，第 64 页。

②（清）彭定求编《全唐诗》第 13 册，中华书局，1960 年，第 4824 页。

③唐圭璋编《全宋词》第 4 册，中华书局，1965 年，第 2893 页。

图4　盛唐第217窟　仕女　段文杰临　　　图5　中唐159窟挤奶图中妇女　段文杰临

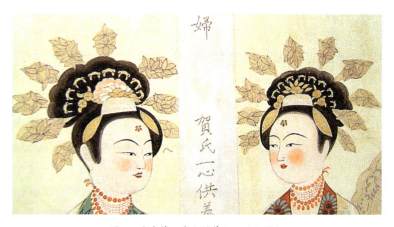

图6　晚唐第9窟女供养人　欧阳琳临

①高国藩编著《敦煌曲子词欣赏》，南京大学出版社，2001年，第103页。
②（清）彭定求编《全唐诗》第4册，中华书局，1960年，第1324页。
③唐圭璋编《全宋词》第1册，中华书局，1965年，第461页。
④吴肃森《敦煌歌辞选注》，辽宁人民出版社，1991年，第78页。

春花向脸边芳。"①

点口脂，又叫点唇，就是以唇脂涂抹在嘴唇上。点唇早在先秦就已兴起，然而直到唐代，它才特别地为女性所垂青。唐代崔颢《卢姬篇》诗云："卢姬少小魏王家，绿鬓红唇桃李花。"②北宋秦观《南乡子》词云："妙手写徽真，水剪双眸点绛唇。"③P.2838敦煌曲子词《内家娇·丝碧罗冠》亦云："嫩脸红唇，眼如刀割，口似朱丹。"④敦煌壁画中的菩萨、供养人等人物画像，多以朱红点染嘴唇，形式主要有两种：一种是口唇薄小，如晚唐第138窟、144窟、9窟的女供养人（图6），盛唐第130窟都督夫人及其女儿、盛唐第 45 窟《未生怨》中的妇女、敦煌藏经洞出土的绢画《树下说法图》中的女供养人等均为樱桃小口。另一种口唇厚圆，唇型突出，唇色鲜艳，如初唐第 220 窟、晚唐第 9 窟中的天女（图 7）、中唐第 159 窟的女供养人等（参见图 1）。

　　晕额黄。南北朝至唐时，妇女爱在额间涂以黄色，作为点缀。南朝梁简文帝萧纲《戏赠丽人》诗："同安鬟里拔，异作额间黄。"唐代李商隐《蝶三首》诗："寿阳公主嫁时妆，八字宫眉捧额黄。"[1]据文献记载，妇女额部涂黄主要有两种方法，一种为染画，另一种为粘贴。染画是用毛笔蘸黄色染画在额上，如新疆吐峪沟出土的唐代绢画中的侍女额间所绘（图 8）。粘贴法较染画法容易，这种额黄是用黄色材料剪制成薄片状饰物，使用时粘贴于额上即可。由于可剪成星、月、花、鸟等形，故又称"花黄"。南朝陈徐陵《奉和咏舞》诗"举袖拂花黄"，北朝《木兰辞》"当窗理云鬓，对镜帖花黄"，唐代崔液《踏歌词》"翡翠帖花黄"[2]等，都指的是这种饰物。严格说来，它已脱离了染额黄的范围，更多地接近花钿的妆饰。

①（清）彭定求编《全唐诗》第16册，中华书局，1960年，第6165页。
②（清）彭定求编《全唐诗》第2册，中华书局，1960年，第667页。

图 7　晚唐第 9 窟　天女　李其琼临

图 8　吐峪沟出土绢画　侍女（公元 7 世纪）

①（宋）高承撰，李果订《事物纪原》（二），王云五主编《丛书集成初编》，中华书局，1985年，第104页。

贴花钿。花钿是贴在眉间或脸上的妆饰。关于花钿的起源，据宋代高承《事物纪原》引《杂五行书》说：南朝"宋武帝女寿阳公主，人日卧于含章殿檐下，梅花落额上，成五出花，拂之不去，经三日洗之乃落，宫女奇其异，竞效之"。①因故称之为"梅花妆"或"寿阳妆"。古时候做花钿的材料十分丰富，有用金箔剪裁成的，还有用纸、鱼鳞、茶油花饼做成的，甚至蜻蜓翅膀也能用来做花钿！花钿的颜色有红、绿、黄等；形状除梅花状外，还有各式小鸟、小鱼、小鸭或各种图案。如晚唐第138窟的女供养人，两鬓抱面，额上绘有对称的如扇状的五个花瓣，花瓣中心为绿色心形，在眉梢处也绘有同样的花瓣，两颊涂淡赭黄晕染，鼻子两侧的晕染处绘有对称的展开双翅呈飞翔状的飞鸟，在嘴角两边也绘有对称的站立小鸟，另外还散落点缀着几颗宝石般的绿色圆点，真可谓丰富多彩（图9）。

画花子，是用各种颜料画在眉间或脸上的妆饰。如敦煌初唐第220窟东壁《维摩诘经变》中的天女，额间就画有一硕大的云头花钿（图10）。中唐第231窟东壁门北《维摩诘经变·赴会者》

图9　晚唐第138窟　女供养人　李其琼临

图10　初唐第220窟　天女　史苇湘临

中的吐蕃侍女，也表现出面饰花子的中
原时尚，两位侍女的眉间、眼尾处、鼻
梁上、脸上都画有像孔雀（鸟）羽毛状
的红白图案，非常漂亮。由此也可见蕃
汉人民和谐共处、生活习惯互相影响之
一斑（图11）。

图 11　中唐第 231 窟吐蕃侍女　李其琼临

由于敦煌壁画都是用颜料所绘，因
此一些女性眉间或脸上的妆饰，究竟是
贴的花钿还是画的花子，很难确切判断。

不论怎样，我们从敦煌壁画中唐代
妇女的面妆情况，可以看到在追求时尚方面，古代妇女确实是多彩多姿。

高贵典雅的戒指

戒指原称"指环"，又称"驱环""约指""手记""代指"等，是一种套在手指
上做纪念或装饰用的小环。用金、银、铂等金属或翡翠、玛瑙等玉类制成，是首饰
中较重要且常见的一种。

在原始社会时期，指环作为一种装饰品就已产生。山东省泰安市大汶口遗址
1959 年的第一次发掘，就发现了二十件指环。其中有九枚仍套在死者的指骨上，是
用骨头与玉石等材料制作的。指环的佩戴不分男女，也不分左右。

从大量文献来看，秦汉时期，我国妇女已普遍佩戴指环。至于称其为"戒指"，
似乎是明代以后的事情。明代王圻《三才图会》说："后汉孙程十九人立顺帝有功，
各赐金钏指环……即今戒指也。"

为什么要把指环这种饰物称之为戒指呢？明代都卬《三余赘笔》记称："今世
俗用金银为环，置于妇女指间，谓之戒指。按《诗》注：古者后妃群妾以礼进御于
君，女史书其月日，授之以环，以进退之。生子月辰，以金环退之；当御者，以银

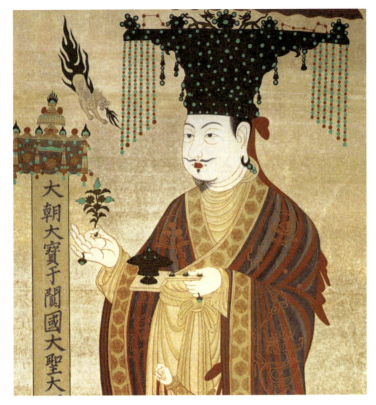

图 1　五代第 98 窟东壁　手戴戒指的于阗国王

环进之，著于左手；既御者，著于右手。事无大小，记以成法，则世俗之名'戒指'者，有自来矣。"原来指环在古代不单是一种饰物，它还是宫廷妇女用以避异的一种标记，当一个宫女有了身孕或处在月辰（月经）期间，不能接受君王的"御幸"时，则在左手套上金环，以示禁戒。平常则用银环，套在右手。这种做法与古代宫女点丹于面的做法相同，两种风俗，如出一辙。

关于帝王戴戒指，元代周达观《真腊风土志》有记载："唯国王可缠纯花布，头戴金冠如金刚头上所戴者；或有时不戴冠，但以线穿香花如茉莉之类，周匝于发间，顶戴大珍珠三斤许，手足及诸指上皆戴金镯指环，上皆嵌以猫儿眼睛石，其下跣足……"这段记载与敦煌莫高窟五代第 98 窟东壁南侧于阗国王的服饰很吻合，壁画中，于阗国王双手的小指上都戴有蓝宝石指环（图 1）。于阗以盛产玉石闻名，所以国王从宝冠到指环都是宝石装饰。另外，按于阗的习俗，于阗国王李圣天还佩饰垂耳珰。

西千佛洞第13窟中的回鹘王妃头戴桃形凤冠，博鬓抱面，上饰花卉、祥云、瑞鸟，插步摇；身着大花边翻领窄袖通裾大襦。面部已变黑，王妃双手指上可见戴有一戒指，双手捧花盘，内盛珊瑚、琉璃瓶、宝珠等供养（图2）。

戒指一物，除用作装饰和避忌之外，还可充当婚姻的信物。现代男女互联婚姻，常有赠送"婚戒"之举，这种风气就是从古代流传下来的。

图 2　西千佛洞第 13 窟　手戴戒指的回鹘王妃

从文献记载来看，早在东汉时期，中国民间就已经将指环当作寄情之物。南朝

图 2-1　西千佛洞第 13 窟　手戴戒指的回鹘王妃（特写）

① 王重民等编校《敦煌变文集》（上），人民文学出版社，1957年，第290、291页。
② 王重民等编校《敦煌变文集》（上），人民文学出版社，1957年，第325页。

刘敬叔《异苑》中记载沛郡人秦树在冢墓中与一女子合婚，临别时，"女泣曰：与君一睹，后面无期，以指环一双赠之，结置衣带，相送出门"。又有《晋书·西戎传》记载："其俗娶妇人先以金同心指环为娉。"

敦煌变文中也有把戒指作为婚姻信物的记载，如 P.2999《太子成道经》便叙及以指环订婚，文中说太子长大，净饭王想为他娶妻以使他依恋人间，"太子闻说，遂奏大王，若（与）儿取其新妇，令巧匠造一金指环，（儿）手上戴之，父母及儿三人知，余人不知。若与儿有缘，知儿手上金指环者，则为夫妇"。后来摩诃那摩女耶输陀罗说了出来，于是"太子当时脱指环"，娶耶输陀罗为妻①。

如 S. 4633《太子成道变文》中亦记载女性主动给男性戴指环以示"纳眷"，说耶输陀罗"施与太子指环。其悉达太子，收在怀中。散后告说父王夫人，只此耶殊彩女纳眷"②。

敦煌文献中也有铜戒指的记载，推测可能是作为给寺院的供品，如 P.2706《年代不明某寺常住什物交割点校历》："……铜指环壹，……"

敦煌壁画中还绘有一幅非常有意思的菩萨戴戒指的图像，那就是初唐第57窟北壁中央说法图中的大势至菩萨，菩萨双手小指上均戴颜色为赭红色的宝石戒指，造型很精致（图3）。但此处的菩萨戴戒指只是画工为增加

图3　初唐第57窟北壁　手戴戒指的大势至菩萨

美感而绘？还是与佛教文化有关？此处不敢妄论。

不过，就一般观感而言，第98窟于阗国王、西千佛洞第13窟中的回鹘王妃所戴的戒指，显示更多的是高贵；而第57窟菩萨所戴的戒指，显示更多的是典雅。

奇异的美甲习俗

大约在唐代以前，我国妇女中已经出现了染指甲的习俗。唐代李贺《宫娃歌》中"蜡光高悬照纱空，花房夜捣红守宫"[①]，唐代张祜《听筝》中"十指纤纤玉笋红，雁行轻遏翠弦中"[②]，都是对妇女染指甲习俗的描写。前者虽没有说明染甲，但描绘了妇女在烛光下制作染指甲材料的情景；后者则直接说出了十指浸染后的情况，"玉笋红"即指娇艳鲜红的指甲。所谓"守宫"，本指壁虎。因为它经常守在宫室之壁，捕食虫蛾，故名。相传古人将它养在盛放朱砂的盒中，等它吃了朱砂，全身都变红以后，则将它捣碎。据说用这种"红汁"点在女子身上，可检验妇女是否保持贞操。如果没有发生过房事，红色终身不灭，只要进行过一次性生活，那么红色立即会消失。按理说这种"守宫"与妇女染指甲没有关系，只是因为它的颜色及制作方法与妇女染指甲的材料较为相近，所以被牵扯在一起，逐渐变成妇女染指甲材料的代称。

元代诗人杨维祯有两首诗与染指甲有关，其一《美人红指甲》："金凤花开色更鲜，佳人染得指头丹。弹筝乱落桃花瓣，把酒轻浮玳瑁斑。拂镜火星流夜月，画眉红雨过春山。有时漫托香腮想，疑是胭脂点玉颜。"其二《凤仙花》："金盘和露捣仙葩，解使纤纤玉有瑕。一点愁疑鹦鹉喙，十分春上牡丹芽。娇弹粉泪抛红豆，戏掐花枝缕绛霞。女伴相逢频借问，几番错认守宫砂。"极

① （清）彭定求编《全唐诗》第12册，中华书局，1960年，第4408页。
② （清）彭定求编《全唐诗》第15册，中华书局，1960年，第5844页。

意描写妇女嫣红的指甲,其中"弹筝乱落桃花瓣"一句,形容染红指甲的女子弹筝时,手指上下翻动,好似桃花瓣落纷纷。

古代的妇女,每到七月七日那天晚上,总要聚集在一起,用她们自制的染料,将十个指甲染得通红。如清代朱象贤《闻见偶录》记载:"七夕,妇女采凤仙花捣染指甲,红如琥珀可爱。"

我国一些少数民族也有染指甲的习俗,如维吾尔族妇女特别是年轻妇女都喜欢在春夏季节,把手指甲染成橘红色,甚至把脚指甲也染成橘红色,觉得这样很美。尤其在逢年过节等喜庆的日子里,更是如此。如清代赵翼《陔余丛考》云:"凤仙花,红者捣碎,入明矾少许,染指甲,用片帛缠定过夜,如此三四次,则其色深红,洗涤不去,直至退甲方渐失之,回回妇人多喜此云云。今俗则不特回回妇人也。"

以上文献中只见关于女子染指甲的记载,但在敦煌壁画中,染指甲也是男子的爱好和习俗。如初唐第335窟北壁《维摩诘经变》中,维摩居方丈,文殊坐莲台,两位主题人物,遥遥相对。文殊座下为帝王出行行列,维摩帐前为各国王子礼佛。维摩身体微微前倾,目光炯炯有神,右手握扇,左手放在扶手上,五个指甲都清晰可见涂有黑色,露袍外的脚指甲也涂有黑色(图1)。位于维摩下方的少数民族王子,赤脚上涂有黑色的脚指甲也清晰可见(图2)。黑色可能最初是红色,由于日长月久长期氧化而渐变成黑色。

文殊菩萨座下方帝王前的二大臣头插羽毛,正兴致勃勃地交谈着,其中一人双手指甲涂有黑色(图3);帝王左侧二大臣中的一人左

图1 初唐第335窟北壁 维摩诘

图 1-2　初唐第 335 窟维摩诘（特写）

图 2　初唐第 335 窟北壁　维摩诘经变　各国王子（局部）

图3　初唐第335窟北壁维摩诘经变　大臣　段文杰临 图4　初唐第220窟门南维摩诘经变　各国王子　李其琼临

图5　西夏第409窟东壁南侧　西夏王　段文杰临

手微微上抬，露出的手指甲也涂有黑色；帝王身后的一大臣双手相握，露出的拇指和食指甲均涂有黑色。

又如初唐第220窟东壁门南《维摩诘经变》下方的少数民族王子的手指甲也涂有咖啡色（图4）。

再如西夏第409窟东壁南侧绘有一幅西夏王的供养像，回鹘王左手持香炉的大拇指甲涂黑色，右手指甲全涂黑色。旁站有一端盘人右手四指甲均涂黑色，身后持伞、扇等物的各侍从手指甲也都均涂黑色（图5）。从以上男性的手指甲上都可以清晰地看到涂染有黑色，而黑色都可能是因变色所致。

从壁画中看出染指甲的不仅仅是少数民族人物，也有中原人士，这说明在当时染甲是非常流行的风气。爱美，是人的天性。我国古代人民尤其是广大妇女很重视打扮自己，敦煌壁画中绘有许多妇女图像，却不见有染甲的妇女图像，所见全是男性染指甲，颇为奇异。

具有民族特色的荷包

由于敦煌地接西域，壁画中西域各族的人物较多。衣冠佩饰具有鲜明的民族特色，即便是小小的荷包既能反映出不同的民族特色，还能显示出民族间的互相交往。

荷包，是中国传统服饰中，人们所随身佩戴的一种装零星物品的小包。荷包的造型有圆形、椭圆形、方形、长方形，也有桃形、如意形、石榴形等等；荷包的图案有繁有简，花卉、鸟、兽、草虫、山水、人物以及吉祥语、诗词文字都有，装饰意味很浓。

荷包的前身叫"荷囊"。荷者，负荷；囊者，袋也。所谓"荷囊"，就是指用来盛放零星细物的小袋。因古人衣服没有口袋，一些必须随身携带的物品（如毛巾、印章及钱币等），只能贮放在这种袋里。最早的荷囊，在使用时既可手提，又可肩背，所以也称"持囊"或称"挈囊"。以后渐渐觉得手提肩背有所不便，才将它挂在腰际，并形成一种制度，俗谓"旁囊"。制作荷囊的材料，一般多用皮革，故又有"鞶囊"之称。

人们所佩的鞶囊，一般悬挂于革带之下。原为西域少数民族骑士所用，南北朝以后传入中原，亦为汉族采用，并被列入服饰制度。据《隋书·礼仪志》："鞶囊……今采梁、陈、东齐制，品级尊者，以金织成，二品以上服之。次以银织成，三品以上服之。下以綖织成，五品以上服之。分为三等。"唐代放官印、鱼符（龟符）的佩袋与装细物的佩囊分开使用，据《旧唐书·五行志》："上元中为服令，九品已上佩刀砺等袋，纷帨为鱼形，结帛作之，以鱼像鲤，强之意也。则天时此制遂绝，

①（后晋）刘昫等《旧唐书》中华书局，1975年，第1377页。

景云后又佩之。"①刀砺袋，鱼形袋，新、旧《唐书》称为"鱼袋""蹀躞七事"。七事谓佩刀、刀子、砺石、契苾、真哕、厥针筒、火石袋等物。人们所佩的荷囊，并非全用皮制，也有用丝织物做成的，但仍然沿用鞶囊的名称。

在敦煌壁画中，绘有不少荷包的图像，如西魏第285窟北壁，一群男供养人头裹平上帻小冠，身穿红、绿、黑色袴褶，腰系蹀躞带，脚蹬靴。最前一人的腰带小环下悬挂一椭圆形荷囊（荷包）、短剑等物。从衣着分析，他们是鲜卑族地位不高的武官和士庶（图1）。

图1　西魏第285窟男供养人

古代妇女也佩戴荷包，如盛唐第445窟的女剃度图中，一身胡服打扮的侍女，双膝跪地，双手托盆正接着被剃掉的头发，此侍女的左腰上就挂有一圆形荷囊，颜色为白底墨绿色边，上有简单的图案，看上去小巧玲珑（图2）。在公元七世纪，李贤墓墓室

图 2　盛唐第 445 窟女剃度图

图 3　唐李贤墓壁画中的侍女

前壁南铺观鸟扑蝉图中，也有穿圆领窄袖长袍的胡服打扮的侍女，她右腰上同样佩挂有一心形荷囊，红颜色看上去还非常鲜艳（图 3 ）。

唐代，佩戴荷囊的少数民族在敦煌壁画中有非常形象的描绘，如中唐第 158 窟的各国王子举哀图中，便能清楚地看到有两个少数民族人物的腰上挂有荷囊，而且所制作的荷囊都很有特色。如第一排中的单腿跪地、正作割鼻状者，其左腰上挂一心形荷包，看上去就像是一朵云彩。第二排中正双手将刀插胸者的左腰上挂一花腰形荷包，颜色为白底湖蓝色边。这两个荷包看上去都非常精致，做工非常考究（图 4 ）。

又如五代第 409 窟东壁，回鹘王礼佛图，回鹘王腰带上就挂有很多东西，其中所挂的荷包造型别致，像葫芦形，但上口呈喇叭状，底部呈圆形，上大下小。颜色

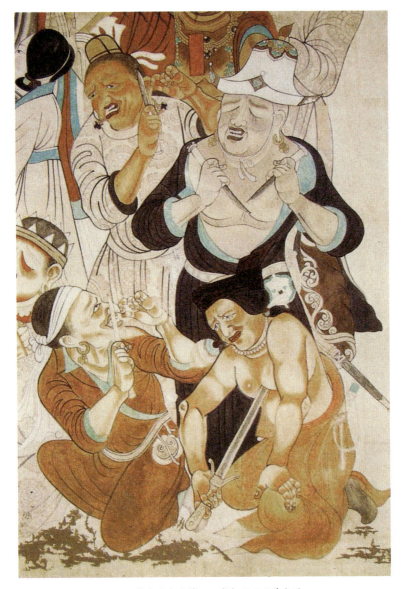

图 4　莫高窟中唐第 158 窟各国王子举哀图

为白色，可能是褪色所致。造型相同的荷包也见于榆林窟同时期第 39 窟的甬道回鹘贵族礼佛图中。

　　莫高窟第 332 窟甬道元代绘的蒙古族男供养人画像中，前面二人腰部两侧也垂挂有黑色荷包（图 5）。

　　莫高窟北区考古发掘中，还发现荷包的实物。据考古专家彭金章先生考证，北
区 B43 窟的绣花回纹荷包，为唐代物品。标本 B43：5，绮呈黄色，回纹，每平方
厘米经线 68 根、纬线 44 根。以回纹绮为底绣花。由于河水浸泡，绣花原颜色多不
可辨，现在可辨者只有蓝色。荷包系缝制。残长 12.5、宽 9.0 厘米。再如北区 B40
窟的丝绸绣花荷包，其时代为元代。标本 B40：34，用双层丝绸缝制，在表层丝绸
上用粉红色丝线绣花，用蓝色和绿色丝线绣枝叶，现仅存部分枝叶和花朵。由于荷
包曾为洪水浸泡，荷包底色和绣花均已变色。从绣花脱落处可看到墨线，应是绣花
前在丝绸上墨绘的纹样。荷包口长 12.8、底长 16.0、深 10.5 厘米。

　　从以上情况可以看到敦煌壁画中佩戴荷包的民族不仅有汉族，也有鲜卑族、

图 5　第 332 窟甬道南壁　元代绘　男供养人

吐蕃族、蒙古族、回鹘族等，而从佩戴荷包的汉族人物同时身穿胡服这一情况来看，荷包似乎更为少数民族所偏爱，由此也可证荷包确系由西域少数民族骑士传入中原。

本地的纺织印染业与皮革业

人们的衣饰实际上与社会生产力的发展有密切的关系，因此如果对当时的纺织原料以及制作、印染和皮革加工等情况有所了解，会有助于我们在知其然的同时知其所以然。

敦煌主要的纺织原料是本地生产的棉花、麻、蚕丝和羊毛，有蚕坊和桑匠，吐蕃时期设有丝棉部落。棉花织成布，有染布匠，如 P.2040v 载："粟柒斗壹胜卧酒及古（沽），供……染布匠等用。"蚕丝织成绢、绝、练等，在唐代各地自织绫绢是很普遍的，《旧唐书·食货志》"调则乡土所产，绫绢绝各二丈，布加五分之一"。以绫绢缴纳租庸调，可见是群众性的大宗产品。敦煌当地的丧葬"纳赠历"中，也以生绢、各种色绢、绵绫、帛练为主，如 S.2472v 文书所载。1965 年在莫高窟 130 窟窟内和第 122 窟、123 窟窟前两处遗址，分别出土了绢幡 2 件、染缬绢幡 9 件、纹绮 9 件，还有锦幡、缀花绢幡及各色绢幡。施主也是普通百姓，可见绢帛确为敦煌百姓普遍使用的丝织物，也是本土所产，百姓才能广泛使用。

羊毛可以织成褐和毾氍，还可以擀成毡，敦煌有"褐袋匠"（P.2629）、"毡匠"（S.0542）。又如 P.2032v 载："毡胎博士及僧等解斋时用，粗面壹斗卧酒时及染毡胎支两件人食用。"博士在归义军时期是指具有较高技术并能出色完成本行业的工作者。

莫高窟晚唐第 196 窟北壁《华严经变》绘了一架构图简单的织机（图 1），五代第 98 窟北壁《华严经变》中绘了一架脚踏立式织机和一辆纺车（图 2、图 3），五代第 6 窟北壁《华严经变》中绘了一辆纺车（图 4）。两个洞窟中所绘的纺车在形状上大体相似，绘有车架、绳轮和装纺锭的锭盘，轮轴上有手摇曲柄。据学者研究，

图1　晚唐第196窟北壁　织机

图2　五代第98窟北壁　脚踏立式织机

图3　五代第98窟北壁　纺车

图4　五代第6窟北壁　纺车

这种纺车属于多繀纺车范畴，即我国元代以前使用的三繀或两繀纺车。另外，在元代第465窟北壁绘有一幅"捻线图"，画面中绘有两人，一人坐在地上，左手举起绕有毛线的纺线工具，右手抓着线；其旁侧另一人也坐在地上，似在观看（图5）。这种原始的手工纺线工具由于便于牧民携带，所以在我国新疆、青海、内蒙古、甘肃等地的少数民族地区特别是牧区广泛使用着。至今在甘肃河西各地还能见到农牧民在放牧或闲暇时用这种工具捻毛线，只是纺线工具的形状稍有差异。第465窟南壁还绘有一幅"织布图"，在其旁侧原贴有纸质汉藏两种文字书写的榜题"织布师"。画面中绘有两人，一人坐在布的一旁，似在观看或做协助工作；另一人半蹲半跪，左手拿一长尺状木条，同时将布的一头提起，右手按在布上。长布的另一端搭放在

图5　元代第465窟北壁　捻线图

一横木上，横木两头用高木杆固定。布上横放着一物，似像综片架。从画面反映的情景来看，这是用原始织机织布的形象（图6）。这种原始织机还没有一个像样的机架，操作者坐在地上或竹榻上织造，所以有人把它称为踞织机。这种织布形式与青海怡卜恰地区藏族牧民用毛纺织生产所用的原始织机相近，只是综片架没有青海的那样高。由于这种方法至今在西北少数民族地区的一些农牧民中用来进行褐子、毛袋等毛织品和粗棉布的织造（图7），因此也有人把元代第465窟的织布图说成是

图 6   元代第 465 窟南壁   织布图

图 7   裕固族妇女在织褐子

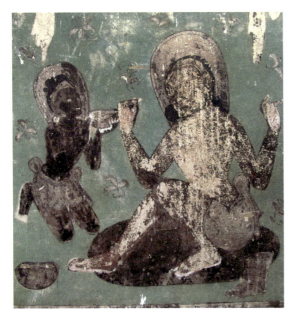

图 8　元代第 465 窟北壁　制靴图

"织褐子"。但不管怎样，这些生动的形象资料都是当时敦煌纺织业的真实反映。

敦煌地区的皮革业也很普遍，包括了皮子的鞣造及加工制作。据敦研 001《酒帐》记载六月"三日酿羊皮酒叁斗伍升""十四日酿牛皮酒壹斗，酿羔子皮酒壹瓮壹角""酿貉子皮酒贰斗"。酿即鞣制，将生皮制成柔韧之熟皮，称"鞣皮匠"，如 S.6452 载："（二月）廿日，面壹斗，鞣皮匠幸者用。"然后就可以分别制成帽子，如 S.1366 载："支帽子匠六人，早上各面壹升，午时各胡饼两枚。"制衣服，如 S.5039 载："麦壹斗，龙兴寺官缝裘人午食用。"制鞋靴，如 P.4640v 载："己未年四月三日，支与靴匠安阿丹助葬粗纸壹帖。"P.4518《色绘地藏菩萨像》题记："清信佛弟子缝鞋靴匠索章三一心供养。"法国吉美博物馆藏敦煌绢画 EO.1398《多宝如来佛像》题记："施主清信弟子皮匠缝鞋靴录事索章三一心供养。"

元代第 465 窟北壁绘有一幅疑似"制靴图"，画面中有两人，一人赤足屈腿而坐，座旁有半高腰靴子一只，双手似在穿针引线；座前有一钵状物。另一人双膝跪地，双手捧钵侍奉（图 8）。

敦煌本土的纺织印染业与皮革业，为当地各阶层人士服饰的多姿多彩提供了更为丰富方便的条件。

第二章

饮 食

吾们所吃的是什么？时常有人提出这么一个问题。吾们将回答说，凡属地球上可吃的东西，我们都吃。我们也吃蟹，出于爱好；我们也吃树皮草根，出于必要。

——林语堂《饮食》

佛教理想世界的饮食

古人云："民以食为天。"又有俗语云："人是铁，饭是钢，一天不吃饿得慌。"对于人类生存来说，悠悠万事，唯此为大。佛教的理想世界也不例外。

在敦煌壁画中，有很多反映当时人们的理想和愿望的内容。其中影响最大、人们最为向往的恐怕便是依据《阿弥陀经》《无量寿经》《观无量寿佛经》所描绘的

图1　初唐第220窟南壁　西方净土变

《西方净土变》了。所谓"西方净土"，又叫"极乐世界"。"极乐"二字毫不掩饰地表明了当时人们追求人生目标。壁画中有许多具体生动的形象描绘，在《西方净土变》图中，最为醒目突出的绘有一绿波浩渺的七宝池，池中盛开各色莲花（图1）。七宝池中有一种功德水，具有清凉、甘美、润泽、解饥等功能。鸠摩罗什译《佛说阿弥陀经》云："极乐国土有七宝池，八功德水充满其中。"而所谓"八功德水"据《阿弥陀经疏》云："一澄净，二清冷，三甘美，四轻软，五润泽，六安和，七饮时除饥渴等，八饮已长养诸根四大。准此水即具四尘，清净即色入，冷软触入，甘美味入。"

敦煌遗书 P.2122《佛说阿弥陀经讲经文》描叙阿弥陀净土世界时说："化生童子食天厨，百味馨香各自殊，无限天人持宝器，琉璃钵饭似真珠。"S.6551《佛说阿弥陀经讲经文》又云："地是黄金山是玉，林是琉璃水是茶，三春早吃频婆果，此间四月咬生瓜。"

有近代佛教徒在解释《阿弥陀经》中"饭食"时说得更具体："那西方世界，譬如想要吃了，那些吃的东西自然会到面前来的。想要吃什么，就自然有什么。也不要用钱去买，也不要用人去烧。并且味道都是非常鲜的。甜酸咸淡没有不随各人的意思的。要吃多少，就自然会来多少。也不会多，也不会少。装东西的碗盏，想用金银的，金银的碗盏，就自然会来。想用珠宝的，珠宝的碗盏，就自然会来。吃过了，就自然会化去的。等到下次要的时候，又会来了，也不要人去收拾的。不吃也不会饥饿，多吃也不会饱胀；吃了下去，也没有渣滓存留在肚里头，所以也没有大小便。讲到实在，西方极乐世界的人，只消看见了各种吃的东西的颜色，或是闻着了各种吃的东西的香味，肚子里也就觉得饱满适意了，不必要真正去吃的。"①

①黄智海《阿弥陀经白话解释》，天台山国清寺法佛流通处印行，第62页。

图 2　中唐第 231 窟东壁门北　向文殊倾倒香饭和向维摩献香饭的化菩萨

　　敦煌壁画《维摩诘经变》中的"香积佛品"，系根据鸠摩罗什译《维摩诘所说经》所绘，经云：文殊于维摩诘辩论，时间已晚，舍利弗肚饥，于是心想："日时欲至，此诸菩萨当于何食？"维摩诘知其意，便使"神通力"让化菩萨到香积佛世界取回一钵"香饭"，其"化菩萨以满钵香饭与维摩诘，饭香普熏毗耶离城，及三千大千世界，时毗耶离婆罗门居士等闻是香气，身意快然，叹未曾有"。画面中，一般为数身菩萨腾云驾雾，穿山过岭，倏然降于画面中央，至文殊、维摩诘之间，或向维摩诘倾钵倒饭，或向文殊倾钵倒饭，堆积如山，众人闻到饭的香味均立刻感到饱满适意（图 2）。

　　《佛说弥勒下生经》中亦云弥勒世界里："果树香树，充满国内。尔时阎浮提中，常有好香，譬如香山，流水美好，味甘除患，雨泽随时，谷稼滋茂，不生草秽。一

图3　榆林窟中唐第25窟北壁　一种七收　欧阳琳、史苇湘临

种七获，用功甚少，所收甚多。食之香美，气力充实。"敦煌壁画《弥勒经变》所绘"一种七收"的内容，画面中一般绘耕地、播种、收割、运载、打场、扬场、粮食入仓等情景（图3）。

敦煌文献 P.2133《妙法莲华经讲经文》中谈"饮食供养"时说："或苏酡味甘露珍馐，玉盂成百味之馨香，金椀（碗）捧千般之美味。或乳糜酥酪，香饮朝严，同宝积之所陈，似纯陀之所戏（献）。山前林下，采仙果之青蔬。江上溪边，摘香新之莲藕。"①

如此等等，实际上反映了当时人们对饮食需求的一些具体美好愿望。

滋补药膳《神仙粥》

敦煌文献 P.3810《呼吸静功妙诀》文后，附有滋补养生膳食配方《神仙粥》一份（图1），反映了敦煌五代宋时期的一种养生

① 王重民等编校《敦煌变文集》（下），人民文学出版社，1957年，第505、506页。

饮食方式。

该《神仙粥》配方书题"神仙粥"三字，全文共三行七十三字，现抄录于下：

神仙粥 / 山药蒸熟，去皮一斤。鸡头实半斤，煮熟去壳捣为末，入粳半升。/ 慢火煮成粥，空心食之。或韭子末二三雨（两）在内，尤妙。食粥后，用好热酒 / 饮三杯妙。此粥，善补虚劳，益气强志，壮元阳，止泄精。神妙。

用适当的中草药和适当的米谷同煮为粥，叫作药粥，是我国一种传统的滋补养生膳食。早在《周书》中就记载"黄帝始烹谷为粥"。马王堆出土的医书中，就有用加热石块煮熬米汤来治疗肛门痒痛，以及用青粱米粥治蛇伤等的经验记载。北宋诗人张耒在《食粥说》里说粥是"世间第一补人之物"。南宋诗人陆游《食粥》诗中则道："世人个个学长年，不悟长年在眼前，我得宛丘平易法，只将食粥致神仙。"可见多食粥能延年益寿。

敦煌文献 P.3810《神仙粥》配方，先述材料名称，然后介绍炮制方法，再介绍服法和功用。主要原材料为药物山药、鸡头实，配以食物粳米及佐药韭子，以及再加以温酒辅佐。其中，山药系薯蓣科植物薯蓣之块茎，《中药大辞典》载：味甘平，入肺脾胃经，有健脾补肺、固肾益精等功用。《本草纲目》载：主治心腹虚胀、手足厥逆、不思饮食、脾胃虚弱以及小便数多、痰风喘急等。鸡头实，又名芡实，《中药大辞典》载：睡莲科植物芡的成熟种仁，味甘涩，性平，无毒，入脾肾经，固肾涩精，补脾止泻，治遗精。粳米，味甘苦，性平，无毒，入脾胃经，补中益气，健脾和胃，壮筋骨通血脉，除烦渴止痢泻。《本草纲目》载：主治霍乱吐泻、自汗不止、心气痛、胎动腹痛、疗肿等。韭

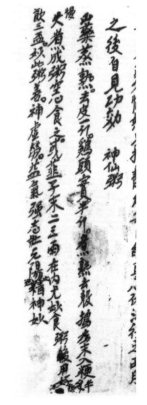

图 1　藏经洞出土　P.3810《神仙粥》

子，为百合科植物韭菜的干燥成熟种子，味辛甘，性温，无毒，入肝肾经，壮阳固精，治阳痿梦遗。《圣惠方》载："治虚劳，泄精，用韭子二两，温酒服。"《千金方》载："治梦泄，韭子二升，稻米三升，煮粥服。"

敦煌本《神仙粥》的配方也颇有科学根据，据谭真先生考证，有以下特点：

医食同源。《神仙粥》配方中，主要原料既是食物又是药物，既可以充饥，又可以治病，其中如山药、芡实、粳米等皆是。

药味特性。《神仙粥》所选诸药均味甘性平温，山药味甘性平，芡实味甘涩性平，粳米味甘苦性平，韭子味辛甘性温。味甘性平温善于走脾，因而补益脾气。

辨证用膳。《神仙粥》体现了辨证用膳的思想，对于体质偏于虚弱、面色苍白、食欲缺乏、全身乏力、四肢无力者，可常服食一些甘平温之食物。

配伍得当。《神仙粥》所选配药物，有相辅相成功效。如《本草新编》载："芡实能涩精补肾，与山药并用，各为末，日日米饭调服。"《本草择要纲目》载："粳米合芡实作粥食，益精强志，聪耳明目。"

药理。李时珍在"粥"节曰："薯蓣粥补肾精固肠胃""芡实粥固精气明耳目""韭子粥温中暖下""粳米粥养脾胃"。

剂型。粥是药用价值既广泛又便于服食的一种好剂型。它有两个特点：第一，具有流质和半流质的特点，不仅吸收快，而且可养胃气，粥与药相得益彰，脱水者补液，对虚弱者尤为适宜。第二，与丸散膏丹相比较，既可适宜长久服用，无副作用，又可根据病情，灵活加减药味。

炮制与比例。山药先蒸熟去皮一斤，鸡头实半斤，再煮熟去壳捣为末，粳米半升，慢火煮，空腹服。加韭子末二三两，食后饮好酒三杯。根据北宋早期衡制折算，山药596.8克，鸡头实298.4克，粳米332克，韭子80克。其炮制与比例均与古今所用药粥相符。

《神仙粥》药方是道家《呼吸静功妙诀》之附方，道家气功与食疗药疗配合一体，以呼吸调养脉肾而修心，辅以补药，达到"补虚劳，益气强志，壮元阳，止泄精"之功效，正合《丹经》"心为火，肾为水，以火煮水而水化气"之理。

花样繁多的面食

唐五代宋时期，敦煌人的粮食作物主要有麦类、粟、黍、粳米和豆类，其中小麦是最主要的农作物栽培品种，而小麦在食用前必须加工成面粉，因此面食是敦煌人最常用的主食。

根据敦煌文献记载，当时敦煌的面食主要是"饼"，而所谓"饼"，实际上就是"面包类食物"，所以其品种非常之多。在敦煌文献中，便发现了20多种饼的名称，如胡饼、蒸饼、煎饼、索饼、饸饼、环饼、白饼、馓饼、饦饼、烧饼、炉饼、乳饼、油胡饼、梧桐饼、菜饼、水饼、黏米饼、薄饼、笼饼、渣饼、龙虎蛇饼等等。可谓花样繁多，令人眼花缭乱。

在这些花样繁多的"饼"里面，胡饼是敦煌人食用最多、最普遍的主食。胡饼又称麻饼、胡麻饼，因原出于胡地，故名胡饼；后赵石勒讳胡字，改称麻饼。[1] 白居易诗："胡麻饼样学京都，面脆油香新出炉。"[2] 胡饼是当地日常的主要食品，在衙府账目中，所有来往人员及各式工匠的招待，每天都离不了胡饼，如S.1366："八日供造鼓床木匠九人，逐日早上各面一升，午时各胡饼两枚。""供缝皮匠八人，逐日早上各面一升，午时各胡饼两枚。"P.2641《丁未年（947年）六月宴设司账目》："（五日）勾当修宅押衙宋迁词等贰人，早上餺飥，午时各胡饼两枚。供九日。"如果是重体力劳动，其供应量就提高到三枚，"（十二日）铁匠史奴奴等贰十人，早上餺飥，午时各胡饼叁枚"。

胡饼有档次高低之分，上层人士吃的是油胡饼子，P.2641：

① （宋）高承《事物纪原》（九），王云五主编《丛书集成初编》，中华书局，1985年，第32页。
② （南宋）吴曾《能改斋漫录》十五《胡麻饼》。

"十九日寿昌迎于阗使……油胡饼子肆百枚，每面贰斗入油壹升。""廿日太子迎于阗使油胡饼子壹百枚，每面贰斗入油壹升。"把油直接揉到面里，这种饼子吃起来松软可口。

蒸饼，可能即笼饼，亦即今日之馒头或蒸馍，也是敦煌人的主食之一。据P.3231《癸酉年至丙子年（973—976 年）平康乡官斋籍》记载，蒸饼是僧人集体进行各种活动时的主要食品之一。蒸饼一般用细面做成，也可以用粗面做成，如P.2032v《后晋时期净土诸色入破历算会稿》载："粗面贰胜，造蒸饼，女人食用。"敦煌壁画中绘有不少蒸饼的实物，如榆林窟中唐第 25 窟北壁《弥勒经变》"婚礼图"中，其宴席上就摆放着一大盘蒸饼。中唐第 154 窟南壁《药师经变》的"供养斋僧图"中，一女子双手端一大盘蒸饼。五代第 61 窟西壁《五台山图》中也有香客手端供养蒸饼的画面。盛唐第 217 窟南壁《法华经变》"斋僧拜塔图"画面中宝塔左侧一妇女双手捧一大盘蒸饼，前一男子右手高托一盘大饼；席位前的僧人和俗人面前都摆有大饼、蒸饼和馓子等，其中一位俗人手拿一蒸饼正往嘴里送（图 1）。画面中的蒸饼形象均与今日之馒头相同。

图 1　盛唐第 217 窟南壁　法华经变　斋僧拜塔　欧阳琳临

上述胡饼系烤制，蒸饼顾名思义系蒸制，另外煎饼也顾名思义系煎制，S.3836v《类书》中载有"煎饼"，P.2609《俗务要名林》解曰："煎，煎饼也，资连反。"

　　油炸的面食有餶飿、饊子等，P.3460《辛巳年（921 或 981 年）某寺诸色斛斗破历》载："油贰胜，八日斋时造用。"S.1366《庚午—壬午年间（980—982 年）归义军衙内面油破历》记载餶飿的单位名称为"枚"："廿七日寒食坐（座）设用……胡八百八十六枚。"

图 2　中唐第 360 窟东壁　维摩诘经变　方便品　欧阳琳临

餶飿是一种油炸饼，俗称油饼子。唐皇甫枚《三水小牍》："乃令溲面煎油作餶飿，移时乃成。"①是招待客人或节庆所用。

　　饊子又写作馓，也是一种油炸的面食，又名寒具，S.1366《庚午—壬午年间（980—982 年）归义军衙内面油破历》载："馓十三枚。""馓三十九枚。"《本草纲目》云："寒具，即今馓子也。以糯粉和面，入少盐，牵索纽捻成环钏之形，油煎食之。"上述中唐第 154 窟南壁《药师经变》"供养斋僧图"、盛唐第 217 窟南壁《法华

①（元）陶宗仪
编《说郛》抄本卷
33，北京图书馆。

经变》"斋僧拜塔图"以及中唐第 360 窟东壁《维摩诘经变》"方便品"中的桌上都摆有馓子、馒头等（图 2）。中唐第 159 窟西壁龛内《药师经变》中桌上为斋僧准备的四种食品：左上胡饼，左下蒸饼，右上馓子，右下餢𩜶（图 3）。

古代敦煌的面食除了烤、蒸、煎、炸外，还有水煮的汤面等，如敦煌文献中记载的馎饦。馎饦，是早餐的常食，即汤饼。欧阳修《归田录》中记载："汤饼，唐人谓之不托，今俗谓之馎饦矣。"P.3302v《长兴元年（930 年）河西都僧统依宕泉建龛一所上梁文》："海印极甚辛苦，四更便起打钟。调停一镬馎饦，一勺先入喉中。"这很明确馎饦是一种带汤的面食。《齐民要术》中亦记述："馎饦，接如大指许，二寸一断，著水盆中浸，宜以手向盆旁接，使极薄，皆急火逐沸熟煮。"S.3905《唐天复元年辛酉岁一月十八日金光明寺造窟上梁文》云："馎饦空中乱撒，恰似雨点一

图 3　中唐第 159 窟西壁龛内　斋僧食品

般。"从以上描述可知：古代的馎饦可能是现代河西地区流行的揪片子、面片子之类的汤面。

另外，古代敦煌的食物还有馄饨、凉面、酿皮子及炒面（一种干粮）等等，花样名目繁多，难以尽述。

蔬菜清新瓜果香

蔬菜和瓜果是敦煌人的主要副食品。蔬菜主要有葫芦、生菜、豇豆、葱、韭菜、萝卜、蔓菁等。

从藏经洞出土的敦煌寺院账籍中看到，当时寺院的僧人在园间从事垒葫芦架、座葱、掘葱、种韭等劳动，说明寺院自己经营菜园，种植的蔬菜除了僧人自己食用外，剩余部分也可能用于出售。如 P.3490《辛巳年（921 或 981 年）某寺诸色斛斗破历》："面壹斗，园间累葫卢架墙众僧食用。""葫卢"即葫芦，从西域传来，现在河西人将所有的冬瓜、南瓜等均称作葫芦，并非专指"吊葫芦"。在榆林窟西夏第 3 窟"踏碓图"中，旁边一个大盆中装有数个南瓜，即葫芦（图 1）。

生菜，在 P.3231《癸酉年至丙子年（974—976 年）平康乡官斋籍》中有"生菜头"等负责人，说明在较大规模的僧事活动中，"生菜"也是主要食用的蔬菜。"生菜"在当时的敦煌是莴苣属的一种蔬菜，而"莴苣"在 P.2609《俗务要名林》中也有记载。

豇豆，S.6233《年代不明（公元 9 世纪前期）诸色斛斗破历》载："十日，出米一斗五升，江豆升半，屈番教授。""江豆"即"豇豆"的异写。虽称作豆，却当作一种蔬菜食用。

葱、韭菜、萝卜是敦煌人种植较为普遍且数量较多的蔬菜。如 S.6452《净土寺诸色斛斗破历》载："六日掘葱午料白面壹斗。"P.4906《某寺诸色破用历》载："油两合，众僧座葱食用。"P.2838《唐中和四年（884 年）正月上座比丘尼体圆等诸色入破历算会牒残卷》载："麦叁斗，油壹升，城南园内种韭斋时用。"S.1267v《僧团

图 1　榆林窟第 3 窟东壁南侧　千手观音经变中的瓜

法事应纳诸色斛斗数及职事目历》中载："生菜萝卜菜各一斗，椒姜各少多。"S.4687v《诸寺僧众纳粟油饼菜历》载："每人……萝卜根十个。"

蔓菁，P.3468《驱傩词》载："谷秆大于牛腰，蔓菁贱于马齿。""蔓菁"即"芜菁"，《本草纲目》云："芜菁，《释名》：蔓菁。"蔓菁可能就是今天说的韭菜花。

另外，在 P.4638《清泰肆年（937 年）马步都押衙陈某等牒》中记载端午节赠送的礼品有香枣花、苜蓿花、菁苜香根等，说明敦煌也大量栽培苜蓿，而且也用来食用，因为有专门的苜蓿园。如 S.6981v《某寺诸色斛斗破历》记载："五月廿三日，粟肆斗，至苜蓿园看十乡判官用。"其中香枣花可能是现在的沙枣花。

敦煌号称瓜果之乡，其中瓜的栽培历史悠久，远在西汉时期就有栽培，东汉时期，敦煌瓜就作为贡品，上贡朝廷。据记载，唐五代时期敦煌地区的瓜果主要有瓜、葡萄、杏、奈子、桃、枣、梨等。

瓜，P.3396v《年代不明沙州诸渠诸人瓜园名目》中记载了"僧张成昌瓜园""曹憨子瓜园""杨汉儿瓜园"等五十多处的瓜园，有僧，有官，更多的是一般民众瓜园。以敦煌当时的人口度之，如此多的瓜园所出产的瓜，除了满足敦煌本地人的消费需要，供应东西来往的商客外，另外也可能制作成瓜干，运往其他地方。

也有关于买卖瓜的记载，如 P.2032v《后晋时代净土寺诸色入破历算会稿》载："豆伍升，买瓜窟上供养用。"

葡萄在敦煌人心目中的地位也很重要，葡萄园中结葡萄时人们要举行赛神仪式，如 S.1366《使衙油面破历》："准旧，南沙园结莆桃赛神细供伍分、胡饼五十枚用。"P.3468《驱傩词》："人无饥色，食加鱼味。有口则皆食蒲萄，欢乐则无人不醉。"

杏，P.4640《阴处士碑》载："更有山庄四所，桑杏万株。"虽然记载不免有些夸张，但园中种植为数众多的桑树、杏树是事实。

奈子在当时的敦煌属于较高级的水果，如 S.5804《门僧智弁请赐美奈状》中，僧人以诙谐的语言请求参君郎君赐予美奈一颗："门僧智弁：右智弁楼上转念之次，忽闻参君郎君出塯园收奈。谗心望在参君郎君特赐美奈壹颗，生死荣幸。……伏望参君特赐美奈壹颗，智弁愿尽驱驰。"（图2）又，S.6981V《某寺诸色斛斗破历》："粟壹斗，下奈子日就园看判官用"。

桃，P.2032v《后晋时代净土寺诸色入破历算会稿》载："面五升，桃园栽树子日僧食用。"P.2040v《后晋时期净土寺诸色入破历算会稿》记载桃园结桃分配情况："粟叁斗，沽酒，大众下桃来就僧统院分时看判官等用。"

枣，P.2645 和 P.2763v 卷中，分别记载："壹

图2 S.5804 门僧智弁请赐美奈状

斗捌胜胡枣。"P.2032v《后晋时代净土寺诸色入破历算会稿》载:"白面三胜,园内斫香枣木僧食用。""面壹斗,园子送胡兰盆枣与用。"

梨,早在后凉时期,敦煌就出产著名的"同心梨",为贡品。P.2005《沙州都督府图经》"同心梨,右《后凉录》:吕光麟庆(嘉)元年,燉煌献同心梨"。

另外,P.2609《俗务要名林一卷》中记有十几种水果名,如:柰、柑、橘、橙、梨、枇杷、梅、杏、柿、石榴、桃、槟榔、木瓜、樱桃、葡萄、瓜等。

丰富的肉食与乳品

敦煌地区南靠祁连山,甘泉河流域是农业分布区,农业区周围大部分是沙碛地带,在甘泉河、都河下游河流浸出低洼带,积水成湖,形成一片湖泽、草滩,是放牧的良好场所。另外苦水流域和甘泉河上游地区,也是当时敦煌的主要畜牧区。

畜牧业不仅为敦煌人提供了皮、毛、畜力等不可缺少的生产资料和生活原料,同时也为敦煌人提供了大量的肉食和乳制品。饲养的牛、羊是人们食用肉的主要来源,敦煌藏经洞出土文献中有在赛神、做工、踏舞、盖房等仪式上宰杀牛、羊的记录。如P.4635《造瓦(瓮)得麦粟帐》载:"第三年东河邓军使庄造瓮得麦两石八斗,得粟两石,还史康七羊价粟一石;第四年东河邓军使庄不得物,其物还一面牛肉价。"又,P.3272《丙寅年牧羊人兀宁牒状》中记录:"伏以今月一日,岁祭拜白羊羯壹口,节料用白羊羯壹口,定兴郎君踏舞来白羊羯壹口,……伏以今月十六日李家立柱用白羊羯壹口。"

乳品也是敦煌人喜爱的饮食品。敦煌文献中有不少敦煌人食用奶酪的记载,如P.2049v《净土寺直岁保护牒》载:"面贰斗,两件付义员取乳酪用。……面贰斗,官窟下彭时付善子取乳酪用;面贰斗,僧官没时,付义员取乳酪用。"又,P.2049v《净土寺直岁愿达牒》载:"粟壹斗,与牧羊人送乳饼用。……面二斗,与牧羊人送乳饼用。"又,S.1267v《僧团法事应纳诸色斛斗数及职事目历》载:"乳饼面二斗五升。"从这些记载可以看到奶酪是敦煌僧人和上层贵族经常食用的食物之一。

图 1　中唐第 238 窟西壁龛内南侧　善事太子入海品　放牧图

　　敦煌壁画中有形象生动的放牧图，如中唐第 238 窟西壁龛内南侧《善事太子入海品》中描绘善事太子被刺瞎双眼后，孤独一人坐在道路中间，这时有牧人驱赶一群牛追逐水草，牛王恐怕牛群践踏太子，用四足骑跨太子身上保护，并且舔出眼中竹刺。此图以湖泽、草滩为背景，群牛形象写实、生动，是当时敦煌地区牧区的真实写照（图 1）。

　　敦煌壁画中也有宰牛的画面，如北周第 296 窟窟顶南披《善事太子入海品》描绘善事太子出游遇见一屠户正在宰牛的情景，屋外一穿犊鼻裤的屠户手拿尖刀，屋内一被开膛剥皮的牛四脚朝天躺在地上，旁边一个被砍下的牛头扔在牛皮上，炉上锅内翻滚的开水热气腾腾，画面非常生动形象（图 2）。

　　敦煌壁画中也有不少卖肉的画面，如晚唐第 85 窟窟顶东披《楞伽经变》中，

图 2　北周第 296 窟窟顶南披　善事太子入海品　宰牛

画一肉铺，铺内挂肉，铺外置两案。一案上放着一只被屠宰剥皮后的整羊，案下一灰狗似吃饱后蜷伏；案侧另有一黑狗昂首卧地，贪婪地窥视着案上之肉。肉贩站在另一案后面，正操刀剔骨割肉，而双目则怒视那条黑狗。画面真实记录了中世纪沙州肉市的情景（图 3）。另外，第 236 窟、156 窟、9 窟、138 窟、459 窟、61 窟也绘有类似的画面。

　　壁画中也有情节生动的挤奶图，如中唐第 159 窟东壁《维摩诘经变》中绘释迦病卧，弟子阿难持钵为其乞乳的故事。画面左侧绘一山庄，门口立一男子和一手捧奶钵的中年妇女。阿难立其前，持钵乞乳。维摩诘站在阿难身后。画面右上侧绘一大母牛，腹下蹲一妇女正在挤奶。母牛张嘴摇尾，呼唤面前的小牛；小牛仰头踢蹄，拼命往前奔，然颈有套索被一男孩用力拉着，不让牛犊前去。该画面将相关内容描绘得淋漓尽致（图 4）。

　　狩猎也是敦煌人肉食的补充。敦煌文献中有不少关于"网鹰"的记载，如 S.6306《归义军时期破历》载："网鹰人麦三斗。"P.4640《己未年—辛酉年归义军

图 3　晚唐第 85 窟窟顶东披　楞伽经变　肉肆图

图 4　中唐第 159 窟东壁　维摩诘经变　挤奶图　欧阳琳临

图 5　隋代第 420 窟西壁龛外　维摩诘经变　鱼儿与鸭子

衙内酒破历》载："又同日，支与把鹰人程小迁等叁人各支粗布半匹……廿日，支
与网鹰人程小迁画纸壹帖。"（89 行）P.2629、敦研 0001、董希文旧藏拼合《年代不
明归义军衙内酒破历》载："同日，神酒伍升，支黑头窟上网鹰酒壹斗（69 行）……
廿九日……支捉鹰神酒壹斗（86 行）……卅日，捉鹰人神酒壹角。"网鹰与捉鹰同
义，即用网罗来捕捉鹰；"把鹰人"即驯鹰师或鹰的管理者。虽然，有些贵族阶层
以斗鹰走狗为消闲，但打猎也确实存在，所以也将训练后的鹰用来捕猎。敦煌地区
有很多野兔、野骆驼、黄羊等，这些都可能是敦煌人的肉食补充。

敦煌人偶尔也可能吃鱼，P.2666《奇方》中有一则方子："人吃鱼，骨在咽中，
不上不下，烧鱼□作灰服之，即差。"P.3468《驱傩词》夸张地说道："谷秆大于牛腰，
蔓菁贱于马齿。人无饥色，食加鱼味。有口则皆食蒲萄，欢乐则无人不醉。"P.4400
中记载敦煌的统治者祭祀时供献的食物中有"干鱼、鹿肉"等。另外，P.2005《沙
州都督府图经残卷》中记载敦煌的地名中有"鱼泉驿""渔泽鄣"等，说明敦煌产
鱼，在其他水泽，也有产鱼的可能。

敦煌壁画中有水泽之鱼的画面，如隋代第 420 窟西壁龛外《维摩诘经变》中，
在殿堂外的莲池内，鱼儿在水草、莲荷间游来游去，还有成双成对的鸭子在戏水（图 5）。

不知这是否是当时敦煌生态环境的真实写照?

五味俱全的调料品

敦煌人的烹调生活中,所使用的调料品主要有盐、醋、酱油、豆豉、砂糖、葱、生姜、花椒等。

敦煌本地有丰富的食盐资源,如 P.2005《沙州都督府图经残卷》载:"三所盐池水:东盐池水;右在州东五十里,东西二百步,南北三里。其盐在水中自为块片,人就水里漉出曝干,并是颗盐。其味淡于河东盐,东印形相似。西盐池水:右俗号沙泉盐,在州北一百一十七里,总有四陂,每陂二亩以下。时人于水中漉出,大者有马牙,其味极美,其色如雪,取者既众,用之无穷。北盐池水:右在州西北卅五里,东西九里,南北四里。其盐不如西池,与州东盐味同。"P.2049v《后唐同光三年(925年)正月沙州净土寺直岁保护手下诸色入破历算会牒》中则记有"麦伍斗,盐团换面入",同卷还记载"面伍胜,垒盐团街墙日贴夜饭用",文书中的"盐团"应即经营盐业的"团行"。

醋在我国发明很早,嘉峪关魏晋墓砖画上就有滤醋的画面(图1)。醋在敦煌

图 1　嘉峪关魏晋 3 号墓砖画　滤醋

文书中有时又写作"酢"。制造醋的原料主要是麸子，即麦子、大麦加工后的余料，有时也用粟或其他粮食，加工醋叫"卧醋"。从文献中可以了解到，敦煌寺院卧醋大多一年两次，即春秋二季卧醋。如 P.2049v《后唐长兴二年（931 年）正月沙州净土寺直岁愿达手下诸色入破历算会牒》载："麸两硕五斗，秋卧醋用。"P.2040v《后晋时期净土寺诸色入破历算会稿》载："麸叁硕，春秋卧醋用。"

卧醋需要一定的技术和工具，持续时间又长，因此逐渐形成了一些卧醋专业户，其他人食醋则从他们那儿买或换取。如 S.1733《某寺诸色斛斗破历》载："麦六斗，沽醋三斗。"P.4957《申年某寺诸色入破历算会牒残卷》载："油两升，醋价麦壹斗，以上充石阇梨亡祭盘及煮粥用。"

敦煌人喜爱吃醋与他们的主食结构和居住环境都有关系，一方面敦煌人喜欢吃油炸的食物，而醋有化腻和助消化的作用。另一方面敦煌位于盐碱地，吃醋是因为身体的需要，能起到酸碱中和的作用。

酱油也是敦煌人的调料品之一。在 P.3410《年代未详沙州僧崇恩处分遗物凭据》卷中有酱垒子、酱台子、酱醋勺子等器具的记载。如 S.3836v《类书（禽畜、药草、酒食等）》中有"酱"和"黑豆酱"的记载。如 S.4534《新修本草·米部卷第十九》中有"酱、盐、饴糖"的记载。S.2721《杂抄》中有六月六日造酱粽的记载，由此看出制作时间是在一年的最热时，因为有利于发酵。制作酱的原料主要是豆类，如黑豆。

豆豉也是敦煌人的所爱。如 S.4685《沙州李丑儿与弟李奴子家书》开列了随信所赠的食物清单，其中有"干羹一袋子"和"红豉"，"红豉"即今天的豆豉。再如 S.4534《新修本草·米部卷第十九》中有"豉"，临近敦煌的吐鲁番出土文书中也有豆豉的记载。从这些资料说明，敦煌人已能加工制作豆豉了。

砂糖在当时的敦煌也有记载。除了 P.3303《印度制糖法残卷》中记载了造砂糖之法外，在 P.2583v《申年正月五日女弟子张什二施舍疏》载"发壹两，沙唐伍两，入大众"，又施入"沙唐一两，崇哲取，准三斗"，这可能是关于"砂糖"的最早记载。敦煌不产砂糖，张什二施入的砂糖可能系贸易而来。

葱，敦煌寺院种植葱，如 S.6452a《净土寺诸色斛斗破历》载："六日掘葱午料白面壹斗。"同卷《壬午年常住库酒破历》载："十月……六日掘葱酒壹斗。"P.4906《某寺诸色破用历》载："油两合，众僧座葱食用。"P.2032v《后晋时代净土寺诸色入破历算会稿》载："面壹斗，于园座葱用。"葱有种、座、掘三个时期；"座葱"，即拥葱，把葱苗栽成一行一行，每隔一段向根部拥一次土，使葱茎粗长。葱既是蔬菜也是一种调料。

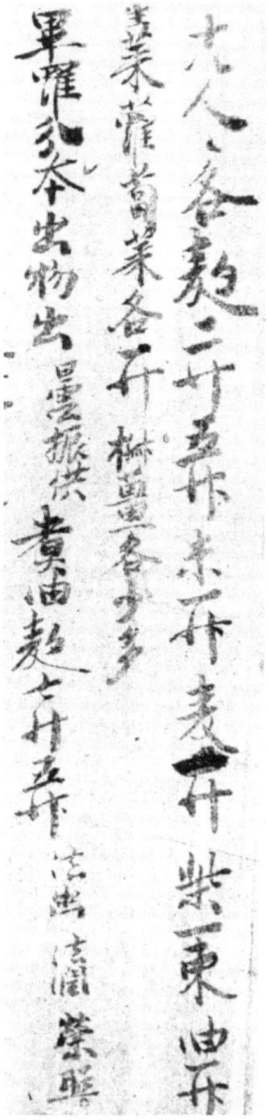

生姜，S.1267v《僧团法事应纳诸色斛斗数及职事目历》中载："生菜萝卜菜各一斗，椒姜各少多。"（图 2）敦煌的姜可能来自内地，据 P.3034v《买卖姜布历》载，当时每两姜的价格是 50 至 60 文钱。当时最好的姜可能是从秦地贩运而来，因为 P.3909《障车文》中夸耀说："聊（辽）东九（酒）味，西国胡羊，拟成挂（桂）昔，秦地生姜。"另外，据俄藏Дx02158《至正廿四年支麦及买肉等呈文》记载，在买肉的同时，买了生姜、胡根、葱等。其中的"胡根"，可能是从西域或更远的地方传入的一种调料品。

花椒，S.1733《某寺诸色斛斗破历》提到制作食物的原料有："白面九石，米五升，……椒一升，草豉三升。"是说当时制作某种饼时，要添加盐、椒、草豉等材料，和今天甘肃静宁等地制作"锅盔"的方法相同。不过，敦煌的花椒也可能来自内地。

图 2　S.1267v 僧团法事应纳诸色斛斗数及职事目历

粮食加工有磨碓

只有将麦粟等颗粒类粮食去皮、压碎、磨成粉，才有可能制成各种可口的面食。粮食加工以后再食用是人类社会的文明标志之一，加工工具是人类从去壳去皮粒食阶段向面食过渡的必要手段。

敦煌壁画中，描绘有不少粮食加工所用的工具，其中主要有石磨和踏碓。如初唐第321窟南壁《宝雨经变》中绘有母女俩正在使用手推磨：母亲正用右手推动磨子上的曲柄摇手，左手往磨子中间添加需要磨细的粮食；女孩用左手前伸拉曲柄摇手协助推磨，右手前伸扶在磨盘旁。其形象与现代家庭使用小石磨的姿态、动作几乎完全相同（图1）。

曲柄摇手就是在上面一扇石磨的边上固定一个与磨面成直角的棒棍，用这个棒棍作为把手转动磨盘。曲柄摇手应用机械原理，减轻了劳动强度，它是中国古代劳动人民的

图1 初唐第321窟南壁 宝雨经变 手推磨

一项重要发明。而在衙府、豪门和寺院则使用科技含量更高的水力碾硙，即轮硙和水硙。如敦煌文献S.5937《庚子年十二月廿二日都师愿通沿常住破历》载："七月五日，麸两石，雇硙面车牛用。"S.4642v载："面陆硕叁斗，拽硙用。"P.3500记载："□中现有十硙水，潺潺流溢满□渠。"S.3873《唐咸通某年索淇拾施水硙园田等人报恩寺请求判凭状》载："……上代水硙三所员田家……两所水硙，园田家客施人……其硙是时被殿下……。"

根据敦煌文献分析，敦煌还有专门从事粮食加工的专业户，称作"硙户"，即磨坊主，具体干活的人员叫作"硙头"，而从事修理"硙"的人称为"硙博士"。如S.286《某寺麦粟油麻等入历》记载有"硙户"张富昌、何员昌、石盈昌等；S.5039《诸色斛斗破用历》记载："麦贰斗，买胡饼硙头僧吃用。"P.4906《某寺诸色破用历》记载："白面壹斗，油两合，修硙槽夜料看博士用。"在莫高窟元代第465窟藏传佛教壁画中，还绘有藏族石匠正在凿制石磨的画面。说明当时这种粮食加工技术在我国少数民族中也被使用，藏族的青稞面就是用石磨磨成的。

五代第 61 窟西壁《五台山图》中
在一处叫作"灵口之店"的房屋前，有
一土石类圆台，上面有一白色的布袋物，
其上横压着一根长杠子；圆台两侧分别
有一个壮年男子，各用手紧握长杠子的
一端，相向用力，其中一人将杠子抬在
肩头（图 2）。有不少学者将这幅图谓
作"推磨图"，但也有学者认为是"压面
图"。根据圆台顶部所放物品为布袋状而
非颗粒类粮食状，杠子是横压在上面而
非穿过磨盘，两人所站立的用力方向是
顺时针而非逆时针，这幅图应该是"压
面图"。同时，不管这幅图表现的是什么内容，表现的是粮食加工过程及其工具则
是毫无疑问。

图 2　五代第 61 窟西壁　五台山图　压面

图 3　五代第 61 窟西壁　五台山图　踏碓

图 4　榆林窟西夏第 3 窟　千手眼观音经变　踏碓图

敦煌壁画中有几幅踏碓图描绘得非常形象生动，如五代第 61 窟西壁《五台山图》中的踏碓图，房屋前有两人舂米，一人伏身碓架，双手扶住把手，用脚踏碓，另一人添加谷物，杆板放置在支撑石座的中间槽内（图 3）。

榆林窟西夏第 3 窟东壁《千手眼观音经变》画面的左右两边上侧，对称地绘有两幅相同的踏碓图，画面上一人伏身碓架，双手扶住把手，一足着地，一足踏杆板。旁边放有簸箕等用具（图 4）。

元代第 465 窟南壁也有一幅踏碓图，绘一人伏身碓架，双手扶住把手，右足着地，左足踏杠杆，正在尽力劳作。踏碓扶手架下面置一支撑杆板的横木。另一人屈膝跪地，上身前倾，作簸米状（图 5）。该画面旁侧有用纸写的藏汉文对照墨书题记："踏碓师。"

通过敦煌壁画中三幅不同时代的踏碓图可以看出，谷物加工工具是逐步改进趋于完善的。虽然我国汉代已经改变以前双臂举动的杵臼，而广泛使用足踏碓，但当时踏碓的杠杆较长，操作者必须立于特制的高台上借用身体的力量进行踏碓。唐宋时期普遍使用的足踏碓比汉代有所改进，优点在于把圆形杠杆改为杠板，并适当缩短，扶手架也适宜人站立操作，足踏起来平稳且较为舒适。敦煌壁画的三幅踏碓图就是这种形象，但三者之间也不尽相同。五代第 61 窟的杠板放置在支撑石座的中间槽内，元代第 465 窟的是在扶手下面置一支撑杠板的横木，西夏第 3 窟的是把竖立的支撑石座和木柱改变成能自由活动的轴木。这样，当操作者踩踏杠板时，轴木随着横板灵活转动，从而提高舂米效率。

图 5　元代第 465 窟南壁　踏碓图

另外，敦煌文献中记载的加工工具还有压榨油的"油梁"，如 S.1947v《唐咸通四年癸未岁敦煌所管十六寺和三所禅窟以及抄录再成毡数目》记载："东河水硙一

图 6　五代第 61 窟南壁　弥勒经变　扬场

轮，油梁一所。"还有簸粮食用的簸箕，如 P.2776 记载："面一斗，淘麦不干，第二日扬簸女人及沙弥等用。……麸叁斗，买簸箕用。"敦煌壁画中，有不少农妇双手端着簸箕扬粮食的画面，如五代第 61 窟南壁《弥勒经变》中，有男女二人正在扬场，左侧农妇站在凳子上，双手端簸箕，当风扬场；右侧农夫双手持长柄扫帚在将粮食扫成一堆（图 6）。

敦煌僧尼饮酒风气

一般而论，佛教禁止其信徒饮酒，如《出曜经》云："为优婆塞，尽其寿命不得饮酒，不得尝酒，不得教人饮酒。"对僧尼二众，要求更为严格，据《根本说一切有部毗奈耶》载："佛告诸比丘、比丘尼：汝等如以我为师者，凡是诸酒，不得自饮，亦不与人……若故违者，得越法罪。""越法罪"属于当堕阿鼻地狱的重罪。

在敦煌，佛教徒们也抄写了大量有关戒酒的条文，但在现实生活中，如敦煌的中、晚唐及五代、宋时期，敦煌僧尼却普遍饮酒，而当时的人们都见怪不怪，视为平常。在藏经洞出土文献中，有大量反映寺院酿酒、用酒及僧尼饮酒的账册，详细记载了当时敦煌僧尼的饮酒情况。如 S.6452《壬午年（982 年）净土寺常住库酒破历》中就有如下的记载：

僧人饮酒。壬午年三月"廿五日，酒壹斗，大张僧正东窟来，迎用"；四月"二日，酒壹斗，和尚官渠来吃用"；同月"廿八日，酒壹瓮，众僧吃用"。

僧人到酒店饮酒。壬午年正月"十六日，酒壹斗，就店二和尚吃用"；"五月一日，酒壹斗，张僧正、李校（教）授就店吃用"；同月"廿五日，酒式斗，僧正、法律就店吃用"。寺院僧正、法律、教授、和尚等公然身入酒店畅饮，不受呵责，寺院且为之支付酒钱。

寺院内饮酒。壬午年正月"九日，酒五升，二和尚就院吃用"；同月"四日，酒壹斗，二和尚就库门吃用"；六月"十日，酒叁斗，僧正、法律就仓门吃用"（图 1）；十月"八日，酒壹斗，李僧正、张僧正、高僧正、索法律等就院吃用"。"就院"

谓在寺院，"就库门""就仓门"谓在寺院仓库门房内，由此可见敦煌佛寺之内可以设席饮酒。

节日供酒。壬午年"三月四日，寒食酒一瓮"，此为寺院在寒食节为在寺僧人提供的节日酒食。同年七月"十六日，破盆酒两瓮"，此为七月十七日盂兰盆节法会结束时慰劳众僧以及供奉先亡、施食游魂所备酒食，对寺僧来说亦属节日设食。

僧首特供酒。"壬午年正月十一日，酒一瓮，大张僧正打银碗局席用"；二月"十三日，酒一角，李僧正种麦用"；八月廿日"李僧正造后门，博士吃用"（图2）。如此等等皆属当寺为僧首提供的特别供给，此种"特供"，一般僧众则无。

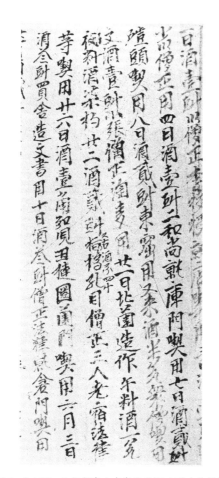
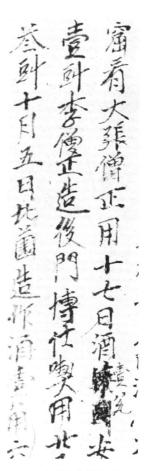

图 1　S.6452c 壬午年净土寺常住库酒破历（局部）　　图 2　S.6452c 壬午年净土寺常住库酒破历（局部）

迎送、接风酒。如五月三日"酒壹斗，迎少（小）张僧正用"以及"李僧正东窟来，迎用""大众东窟来，迎用""众法律东窟来，迎用"等。其中有高级僧人，也有一般僧众。

人事往来酒。如二月"廿九日，看刺史，煮酒五升"；七月十四日"酒一瓮，小张僧正看使君用"；十月"十七日，酒壹斗，宋判官家送"（按：此为送宋判官酒）。

暖房、慰问酒。如十月"廿八日，周和尚铺暖房酒壹斗"；"十一月一日，李僧正铺暖房酒壹斗"；七月廿四日"使君脱孝酒，[用]粟式斗"（按：此为慰问政府官员某使君孝满脱服者）。

另外还有酬劳赏赐酒、立契约用酒、祭拜亡僧用酒、供佛用酒等等。

关于尼众饮酒的记载，如S.6452《辛巳年（981年）十二月十三日以后及壬午年（982年）周僧正于常住库借贷油面无历》记载："廿八日，酒五升，阿师子来吃用。"又，S.1519《辛亥年（951年）十二月七日后某寺直岁法胜所破油面酒等历》记载：壬子年十二月十二日"又，面式斗，油壹合，酒壹角，两日看造食尼阇梨用"。P.2049v《后唐长兴二年（931年）正月净土寺直岁愿达手下诸色入破历算会牒》记载："粟柒斗，二月二日至六日中间，供缝伞尼阇梨酤（沽）酒用。""阿师子""尼阇梨"都是对尼姑的尊称。

关于僧人开设酒店的记载，如S.6452《辛巳—壬午年（981—982年）净土寺付酒本粟麦历》载："辛巳年十二月廿六日，氾法律店酒本粟叁硕伍斗。""（十月）廿二日，郭法律店酒本粟麦壹硕式斗，粟壹硕式斗。"氾、郭二人身为寺院法律，职在督察纲纪，却公然开设酒店，酿酒卖酒，并向寺院供酒，净土寺执账则坦然载笔，毫不隐讳地载入寺院账册，由此可见敦煌僧界饮酒及僧人开设酒店都不违背当地释门清规和本地民风，官府也听之任之。

敦煌僧尼之所以饮酒，其实主要是和当地的生活环境以及劳动需要有关，一方面北方地区冬天寒冷，饮酒可以御寒；另一方面大部分僧人都要参加生产劳动，饮酒可以减乏，有助于恢复体力。

为了减乏而饮酒

古代人之所以饮酒，其实主要是和当地的生活环境，特别是劳动需要有关。现在许多宣传所谓酒文化的，说什么古代人饮酒主要是为了交际应酬，纯属以点概面，以个别代表普遍，其目的是为今天的不正之风找借口。实际上，古人饮酒主要是为了减乏、御寒，为了恢复体力，只是简单的身体健康需要，和所谓文化其实没有什么关系，这从敦煌文献有关记载可以清楚地看到。

如 P.2032 v《后晋时期净土寺诸色入破历算会稿》记载："卧酒沽酒，西仓造（扫）尘时，博士及人夫等三时食用。"（图 1）博士是师傅的意思，即招待修仓的师傅等人饮酒。又载："粟壹拾陆硕三斗六升，卧酒沽酒，造钟楼时五月二十三日至六月十三日中间廿一日工匠及众僧搬砂车牛人夫等三时食用。"这里说的是招待造钟楼的工匠等人饮酒，其中特别谈到"众僧"一起参加体力劳动。又载："秋间寺家碨面人五日供，面二斗，酒壹斗。"说招待在寺家磨面的师傅饮酒。又载："粟壹斗沽酒，看取碨稞博士用。"又载："又后件修碨河（和）众僧用，胡并（饼子）四十，酒半瓮。"说招待修磨子的师傅饮酒。又载："面一斗五升，粗面二斗，粟二斗沽酒两件，淘麦僧食用。"这里谈让从事淘麦体力活的僧人饮酒。又载："粟七[斗]，卧酒屈画匠用。"这里是招待画工饮酒。又载："粟七斗卧酒，吴僧统看造钟楼博士用。"这是吴僧统请建造钟楼的师傅饮酒。又载："粟七斗五升，麦一斗五升，卧酒及沽酒三件，看（招待）牧羊人用。"这里是招待牧羊人饮酒。又载："粟两石二斗五升卧酒沽酒，画窟先生兼造食人及回来迎顿兼第二日看侍等用。""粟两石叁斗五升卧酒沽酒，钟楼上灰泥看画匠塑匠及众僧三时食

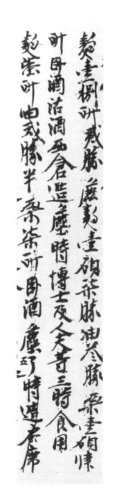

图 1　P.2032 v 后晋时期净土寺诸色入破历算会稿

用。""粟叁斗沽酒，看院生画窟门用。"这是让画工、塑工以及协助干活的僧人们饮酒。其中的淘麦、磨面、修磨子、造钟楼、搬砂以及牧羊、绘画、塑像等都是体力劳动，让干活累了的劳动者喝酒，显然是为了让疲劳的身体得到一定的恢复。

又如 S.4374 记载："七月十日面五斗，酒四勺，众僧碨后大略吃用。"这是让从事磨面劳动后的僧人们集体饮酒。

又如 P.2049 记载："粟壹斗，沽酒修寺院日，看（招待）泥匠博士用。"这是请泥匠师傅饮酒。

又如 S.6452《辛巳年十二月十三日周僧正于常住库借贷油面物历》记载："壬午年正月三日，酒壹瓮，打银碗博仕吃用。同日酒壹瓮。大乘寺九日打碗局席酒一瓮。"不仅平常要请打银碗师傅饮酒，另外还要设酒局接待。又云："（正月）十二日酒壹角，造门博仕吃用。（正月）十四日酒壹斗，造门博仕吃用。"这是请造门的师傅饮酒。又云："（二月）十八日，酒壹角，种麦用。……五月三日，酒五升，河母浇麦。……（六月）五日，酒壹斗，浇麦用。"打银碗、造门、浇麦等也是体力活。

如 P.2040 v《后晋时期净土寺诸色入破历算会稿》记载："粟二斗，卧酒泥西仓人匠用。粟七斗，卧酒将往就山拔毛用。"又："粟一斗，六升，卧酒碨面时看博士用。"又："陆斗肆升，卧酒及（沽）酒垒西梁时，看博士用。"拔毛、碨面、垒梁等也是体力活。

又如 P.2642《某寺诸色斛斗破历》记载："十月一日，粟八斗，沽酒城南园泥庭舍用。二日，粟一石贰斗，沽酒看徒众及工匠用。三日，粟八斗，城内造作沽酒看僧官及工匠用。"（图 2）泥庭舍也是体力活。

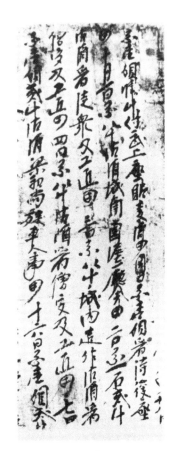

图 2　P.2642v 某寺诸色斛斗破历

又如 P.3763v《年代不明净土寺诸色入破历算会稿》记载:"粟三斗五升卧酒,堆园日众僧吃用。粟三斗五升卧酒,烧炭时用。……粟贰斗沽酒,尚书安窟檐时将用。……粟一斗四升卧酒,阳孔庄上斫木用。粟一斗沽酒,张乡官庄上斫梁子用。……粟三斗五升卧酒,屈写匠用。粟七斗卧酒,请搬沙车牛用。"烧炭、安窟檐、斫木、书写等也是体力活。

如此等等,大都与体力劳动有关。人们之所以饮酒,大多是因为干体力活太累了,喝点酒让血液循环,以达到减乏、恢复体力的目的。这类的饮酒活动其实大多和所谓文化并没有什么关系。不过,这并不是说所有干体力活的人饮酒都和文化没有关系,如干活之前举行某种仪式时的饮酒活动,或干活后举办的宴席中的划拳等活动则可能具有某种文化内涵。

敦煌酒的品种与酿造

古代敦煌人所饮之酒都源自本地酿造,根据原料(酒本)的不同以及所酿造酒的成色不同,其品种便有麦酒、粟酒、青麦酒、葡萄酒、清酒、白酒、胡酒等名称。

麦酒,指用小麦酿造的酒,这是敦煌当时酒类中档次最高的酒。如 P.4638《谢赐物状》中记载归义军节度使检校司空曹元德赐给龙辩等人"麦酒壹瓮"。S.1519记载:"麦酒壹瓮,看官家用。"S.2049v 记载:"麦肆斗,卧酒就仓看指挥及乡官众僧等用。"敦煌文献中所载以麦"卧"或"沽"所得的酒便是麦酒。麦是细粮,轻易不用来酿酒,用于酿酒的麦远远少于粟。因此麦酒不是每个人平常都能享用的,只有逢年过节、招待贵宾才肯饮用,寺院里也只有高级僧官才饮用。

粟酒,指用粟酿造的酒,属于米酒、黄酒之类,是当时敦煌最为普遍的饮用酒。如 P.2040 v《后晋时期净土寺诸色入破历算会稿》记载:"粟一斗,六升,卧酒砲面时看博士用。"P.2642《某寺诸色斛斗破历》记载:"十月一日,粟八斗,沽酒城南园泥庭舍用。"P.3763v《年代不明净土寺诸色入破历算会稿》记载:"粟三斗五升卧酒,烧炭时用。"粟酒之所以在敦煌酒市上数量最多,一是因为唐代以后敦煌的主要食用粮食已由粟渐次变为小麦，粟退出主食地位，成为一种粗粮；二是粟酒的酿造方法简单易学，将小米蒸熟加曲发酵而成，一般家庭都能制作。

青麦酒，青麦即青稞，青麦酒即青稞酒。S.1053v 记载："青麦壹硕伍斗，僧统卧酒用。"P.2763v 中给宴设厨分配的造酒原料中有"一十八石青麦"。这是一件吐蕃时期的文书，说明吐蕃人对青稞酒的偏好。时至今日，甘青地区的藏族家庭仍有酿制青稞酒的传统。

葡萄酒可能是敦煌地区产量上仅次于粟酒、麦酒的酒类之一。P.3468《驱傩文》记载："有口则皆食蒲桃，欢乐则无人不醉。"P.2718《茶酒论》云："蒲桃九酝，于身有润。"P.2553《王昭君变文》记载："蒲桃未必胜春酒。"P.3350、S.5949《下女夫词》云："酒是蒲桃酒，将来上使君。……酒是蒲桃酒，先合主人尝。……酒是蒲桃酒，千钱沽一斗。"说明敦煌葡萄酒的档次较高，而且价格也比较贵。

白酒，可能是一种度数较高的酒，也可能是指一种白醪。S.3836《维摩诘讲经文》云："白醪携得满杯斟。"S.2575《天成四年三月都僧统龙辩海晏榜》云："非食醇醪，切断不令入寺。"白醪的原料是糯米，亦即糯米酒。而 P.3875v 写卷中则载："麦贰斗，卧白酒用。"说明白酒的原料是小麦。P.3044《醉后谢书》云："昨日饮多，醉甚过度，粗疏言辞，都不醒觉，朝来见诸人说，方知其由，无地容身，惭悚尤口……积当面谢。"说明当时敦煌酒的度数很高，酒劲很大。榆林窟西夏第 3 窟东壁《千手眼观音经变》中，对称性地绘有两幅酿酒图，画面中央有一灶台，上面安放一套层叠覆压的方形器皿。一妇女于灶台前添柴烧火，旁侧置一陶制酒壶；另一妇女站在灶旁。后侧置木桶、碗等（图 1、图 2）。从图画看，灶台上的方形器皿应该是酿造高浓度酒所用的蒸馏器。由此可见敦煌当时生产用小麦为原料的烈性蒸馏白酒，是完全有可能的。

胡酒，顾名思义，即有别于中原传统的酒，可能是西域贸易而来的酒，也可能是用西域传来的酿造技术所生产的酒。其原料也可能与中原有所不同。S.3836中有"胡酒"的记载，许多敦煌写卷也出现信徒布施"诃黎勒"。如敦研藏 0038

图1　榆林窟西夏第3窟东壁　酿酒图

图2　榆林窟西夏第3窟东壁　酿酒图

《酒账》记载："支纳诃黎勒胡酒壹瓮。"诃黎勒为原产自波斯的一种药材，西域就有用诃黎勒等作原料酿造的"三勒浆"酒，有保健作用。西域商人也曾将诃黎勒作为贵重药品缴纳到归义军衙内。临近敦煌的高昌回鹘王国除了酿造大量的葡萄酒外，还用梨、桃、桑葚等酿造酒，"其制作方法大致相同：将葡萄汁、梨、桃、桑葚等放入器皿中，密封发酵，一定时日以后，取出在锅中熬制，滤去渣滓，即得葡萄酒和各种果酒"①。敦煌盛产梨、桃等果类，因此不排除敦煌也用这些果类酿酒的可能。所以，"胡酒"可能非指一种，而是一种泛称。

清酒，相对于"稠酒"而言，可能是一种度数低、杂质较少的酒，常用于中药的炮制上。如 S.76《食疗本草》记载："（患风瘙痒痛者），取茱萸一升，清酒五升，二味和煮，取半升去滓，以汁微暖洗。如中风贼风、口偏不能语者，取茱萸一升，美清酒四升，和煮四五沸，冷服之半升，日二服，得小汗为差。""清酒"也用于祭奠中，又作为酒的代称而出现在各种祭文、愿文里。如在 S.4400 曹元忠为镇宅而作的祭文中，就开列有"清酒"。

药酒，P.3350、S.5949 敦煌文学作品《下女夫词》中记载，婚礼仪式时要给新郎敬一种"药酒"："即问二姑妗，因何行药酒？"而这种"药酒"的功用可以"延得万年春"。新郎不饮用，而是"洒南墙"。可知敦煌人喜欢喝延年益寿的保健药酒，并将这种药酒用在婚礼仪式时与新郎嬉戏笑闹之中。

敦煌的酿酒在魏晋时已颇负盛名，《魏书·胡叟传》："叟少孤，每言及父母，则泪下，若孺子之号。春秋当祭之前，则先求旨酒美膳，……时敦煌氾潜，家善酿酒，每节，送一壶与叟。……论者以潜为君子矣。"

①薛宗正主编《中国新疆古代社会生活史》，新疆人民出版社，1997年，第343页。

利润丰厚的酒店生意

敦煌盛行的饮酒风气，促成了敦煌酿酒行市的形成与酒业管理机构的出现，这是酒业发展的必然结果。早在归义军之前，敦煌就有官府酿酒的管理机构，吐蕃统治敦煌时期，宴设厨就负责提供原料和酒曲酿酒。到归义军时期，归义军节度使衙下面设立了管理官府用酒的机构——酒司，由节度押衙担任酒司使之职。

到曹氏归义军时期，酒户和酒店大量涌现。根据敦煌文献记载，发现在不同的时间跨度里酒户和酒店达到了40多家。这些酒店大多以姓氏或以人名为店号，如齐家酒店、氾家酒店、安家酒店、刘万定店、郭庆进店等等。在以姓命名的酒店中，有汉姓酒店四个，粟特姓酒店五个，由此可见经营酒店者不仅有当地的汉族人，也有粟特人等，同时说明粟特人在敦煌商业贸易中的势力状况和影响。

有些酒店的店主还是女性，如据文献记载，众多酒店中，有一家是"杨七娘子"所开，有一家是"马三娘"所开。另外，还有用豆在寺院换粟的"石婆""灰子妻"也可能是酒店的"女老板"。

另外还有官员或僧官开酒店者，如氾押衙店、氾法律店、郭法律店等。

敦煌古代的酒店有一个最大的特点，就是它不仅对外卖酒，而且同时自己也酿造酒。因此，这些酒店实际上既从事酒的制作，也从事酒的销售买卖。在此时期人口最多没有超过三万人的敦煌，有如此多的酒店，说明敦煌有着巨大的消费市场，并且说明从事酿酒和卖酒获利丰厚。

如敦煌文献 P.3774《丑年（821 年）十二月沙州僧龙藏牒》记载龙藏（齐周）未出家前曾自开酒店造酒卖酒："先家中种田不得丰饶，齐周自开酒店，自雇人，并出本禾粟卅石造酒。其年除吃用外，得利刘（议）价七十亩、柴十车、麦一百卅十石。内卅五石，齐周买釜一口。余并家中破用。"（图 1）

"酒店"一词，众多文献均失载，但出现在该文献之

图 1　P.3774 丑年十二月沙州僧龙藏牒（部分）

中。这篇文献中对齐周酒店获利的计算，不是用唐币，而是折价为地亩、柴草以及麦子来计算，即以物易物。这是因为当时敦煌处于吐蕃统治时期，而齐周酒店则是当时较早出现的一个酒店。从文献中可以看到，齐周酒店只投入了禾、粟三十石为酒本，就获得丰厚利润。其总值按照以物易物计算，三十石禾、粟竟然换来七十亩地再加上十车柴草和一百三十石麦子。平均一石禾、粟造酒后竟然能赚到一亩地、两石麦子和近半车的柴草。如此高的利润，难怪只需要从中取出少许利润三十五石麦子来买釜一口，即扩大再生产，"余并家中破用"，就能解决一家老小的生活问题。

不过，也有的酒户生意做得比较艰难。如据 P.3569《光启三年酒户马三娘龙粉堆牒》记载，马三娘、龙粉堆二人为"官酒户"，即由官府向酒户提供酒本（酿酒所需的粮食及所需物品），酒户则按规定向官府缴纳一定数量的酒。而记载中说光启三年时马三娘、龙粉堆二人由于"凉州、肃州蕃使繁多，日供酒两瓮半已上"，疲于奔忙，几处供酒，本应缴纳的酒还欠三五瓮，但原有的酒本已经用完，家贫无可再供，为此只好向官府的酒司写状申请预支酒本，以便继续"充供客使"。由此可见一些官酒户的日子并不富裕。

敦煌壁画中绘有不少人们在酒店中饮酒的情景，如五代第 98 窟东壁《维摩诘经变》中，根据佛经有关"入诸酒肆，能立其志"的经文，描绘维摩诘在酒店中与酒客们共同饮酒作乐。画面上，花木丛生，绿叶成荫。酒店内，维摩诘手执羽扇和六位酒客列坐在长长的酒案两侧。酒店外，一位银髯年老舞师，甩袖踢腿，翩翩起舞，吸引了酒客们的目光。另有一酒僮正托盘前来奉酒（图 2）。

又如五代第 61 窟东壁《维摩诘经变》中，绘一酒店内有七位酒客列坐在长长的酒案两侧正在对饮作乐，其中有二人打拍板、吹笛而歌。屋外有榜题："或入诸店肆共座诣……/ 教谈章广为方……/ □□患能立□志……"酒店外，有一头戴幞头、穿襕衫者正扬袖起舞，为饮者助兴。旁侧维摩诘头戴软帽手执羽扇，面向外侧，似乎表示不屑一顾。另外旁侧有三位僧人则聚精会神观看舞者，其上方有榜题："维摩诘为游诸方再入讲 / 论处尊以大乘以宣入佛之 / 理问答佛境何由。"（图 3）

图 2　五代第 98 窟东壁　维摩诘经变　酒店

图 3　五代第 61 窟东壁　维摩诘经变　酒店

　　敦煌壁画中还有敬酒图,如元代第 465 窟北壁绘一人坐在圆毯上,伸手去接侍者双手敬奉的酒碗,身旁放着陶制的酒瓶和盆(图 4)。

　　另外,敦煌文献中还保存有一件北宋乾德二年酒账单(图 5)。

图 4　元代第 465 窟北壁　敬酒图

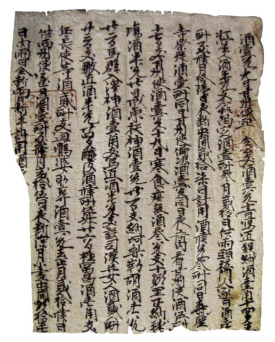

图 5　北宋乾德二年酒账单　敦煌研究院藏 0038 号

这些壁画和文献资料都反映了唐至五代时期敦煌民间酒业生意的兴隆情景。

佛事与婚丧等活动中的饮食

敦煌人对佛教有着虔诚的信念，这不仅表现在开窟造像、拜佛念经上，同时也体现在他们殷勤、频繁地供养斋僧等佛事活动中。向僧人布施斋饭，是一件功德无量的善事。

大规模的斋僧活动是由官府组织的官斋，即官府在每年的固定时间集中所辖地寺院的僧人，施以斋饭。如 P.3231 所记载的就是平康乡以官方名义组织的七次斋僧活动。时间是每年的五月十五日、五月廿九日和九月底、十月十五日。参加人数每次达到了 172 人之多。所做的食物品种也较多，而且都是当时的一些精美食物。其中分配的原料有面、米、麦、油、生菜、萝卜、椒、姜等，主食有胡饼、乳饼、蒸饼、菜模子、浆水粥、米浆水、羹饦、糕糜、醅粥、煮菜、白粥等十多个品种，可见其斋饭之丰盛。

也有大规模的私人斋僧活动，如一些大户或官宦人家的信徒因为得病或其他原因而许愿斋僧。P.2704记载了当时归义军节度使曹议金因为生病而于长兴四年十月"请大众转经一七日，设斋一千五百人供，度僧尼一七人"，长兴五年五月"请大众转经一七日，设斋一千六百人供，度僧尼二七人"。斋僧人数之多，甚至超过了官斋僧人的数量，可见其饮食规模之大。

敦煌壁画中有不少斋僧的画面，如第154窟南壁《药师经变》中绘一穿赭色宽袖长袍的女子双手捧一盛满馒头的大盘，另外一桌上放着盛满馓子、蒸饼等食物的器皿，正准备供养斋僧（图1）。

另外，许多祈赛、驱傩等活动中为了娱神、驱鬼，奉献食物也成了主要内容。人们相信支出这些食物，能换来神的愉悦和谅解甚至帮助，能使恶鬼饱食后离开而不再作祟于人。所奉献的食物有肉、酒、胡饼、烧饼、薄饼、麦炒、灌肠面、羯羊、炒面、葡萄、干鱼鹿肉、清酒杂果等。其中许多是敦煌饮食中的精品。如P.3468《驱傩词》中记载："谷秆大于牛腰，蔓菁贱于马齿。人无饥色，食加鱼味。有口则皆食蒲萄，欢乐则无人不醉。"又P.2058《驱傩词》中记载：

图1　中唐第154窟南壁　药师经变　供养斋僧

"今夜珍除灾孽，合得金盏银瓶。……设司未便面麦，一升梧桐泪□前，乡官鬼恐吓合郡，百姓并总称怨。造食鬼多费面米，饭食同吹（炊）上天。"

上梁仪式中有抛撒食物的习俗，如 P.3302《上梁文》中记载："今因良时吉日，上梁雅合周旋。五郎（郡）英豪并在，一州士女骈阗。蒸饼千盘万担，一时云集宕泉。尽向空中乱撒，次有金钹银钱。"S.3905《上梁文》记载："蒸饼空中乱撒，恰似雨点一般。"

婚姻仪式中的饮食内容也非常丰富有趣。如通婚送婚书时准备的礼物中，据 P.2646、P.3284《新集吉凶书仪》记载所送的食物有"次猪羊、次须面、次野味、次果子、次苏（酥）油盐、次酱醋、次椒姜葱蒜（以上物并须盘盛，花单盖，人舆）"。通婚也叫问聘，民间叫提亲。在提亲时携带一些礼品，以示男方的诚意。

娶亲的路上，有障车之风俗。障车时除了索要钱财，还要为障车者准备食物。P.3909《障车词》记载："障车之法，先自有方。须德（得）麒麟一角，三足凤凰。聊（辽）东酒味，西国胡羊；拟成桂昔，秦地生姜，小（少）一不足。"这是障车者的要求，而娶亲者回答也充满了夸张："有酒如江，有肉如山，百味饮食，罗列班班，自余杂物，并有君前。"

婚礼上也有一系列饮食活动。据 S.1725《大唐吉凶书仪》和 P.3284《新集吉凶书仪》记载，成礼前，男女双方要祭拜祖先，祭拜时"在于中庭近西置席，安祭盘，祭人执酒盏"，读《祭先灵文》，"谨以清酌之奠，伏惟听许尚飨"。同牢合卺时"帐中夫妻左右坐，主馈设同牢盘，夫妻各饭三口，傧相夹侍者饲之。则酌合卺杯，杯以小瓢作两片，安置拓（托）子里，如无，即以小金银东西盏子充"。婚礼第二天，新妇拜公婆时，"置脯及果各一盒，新妇直北质方行，先将脯盒大人翁前，再拜讫，互（胡）跪现脯果。……又将果盒质方行，至大家（姑）前，再拜，互（胡）跪现果［盒］"。

婚礼中最重要的饮食活动要算婚宴了。S.4700、S.4121、S.4643 和北图新 1450 卷拼合的《甲午年（994 年）五月十五日阴家婢子小娘子荣亲客目》是一件关于婚礼仪式中请客的草拟名单。据统计，拟参加婚宴的客人共 160 多家，600 余人，由此可以推算所需菜肴、食物、酒水也应该是一个非常大的数目。敦煌壁画中绘有许多婚宴图，可以从中窥见敦煌婚礼宴饮之一斑。画面中婚宴一般在帷帐中举行，参加婚礼的客人列坐在长桌两旁，桌上放置有馒头等食物，有客人手中持杯作喝酒状，外侧有侍女不断端食物进来（图 2）。

丧葬仪式中也有很多饮食活动，如人死后在家中设灵堂祭奠时，不但要烧纸钱、读祭文，还要供奉食物。如 P.2622《张敖书仪》中的《父母初终祭文》中云："孤哀

图 2　榆林窟中唐第 25 窟北壁　弥勒经变　婚宴

子厶等……不敢独违礼教，谨上清酌之奠，伏维尚飨。"乡人或社人之间互助性的纳赠中也有食物，即有乡人或社人及其亲属丧亡时，据 S.2894 记载："右缘氾再昌妻亡，合有赠送，人各面壹斗，油一合，粟一斗……" P.5003 记载："右件社户今月四日申时身亡，……准条合有吊赠，借布人各一匹，领巾三条，祭盘麦各三升半，赠面各三升半。" P.4515 则记载了送葬过程中沿途酹酒的习俗："或若荣葬之日，……合有吊酒壹瓮，随车浇酹，久（就）此坟墓，一齐号叫。" P.2622 则记载了在坟头上埋葬死者时"柩车到墓……升棺入圹安置讫……于坛上设馔祭后土"。另外，在埋葬死者时，还要随葬"食瓶五谷"。P.2721《杂抄》记载这种习俗来自伯夷和叔齐："食瓶五谷与谁作？其伯夷、叔齐兄弟相让位于周公，……夷齐并草不食，遂饿死于首阳之（山）。载死尸还乡时，恐魂灵饥，即设熟食瓶、五谷袋引魂，今葬用之礼。"

各种大型的饮食活动有利于人们之间食品加工、制作以及烹调技术、饮食方式等诸多方面的交流和发展。

第三章

居

住

安得广厦千万间，大庇天下寒士俱欢颜，风雨不动安如山。
呜呼！何时眼前突兀见此屋，吾庐独破受冻死亦足！

——杜甫《茅屋为秋风所破歌》

佛教理想世界的居住环境

虽然吃饭、穿衣对于人来说是首要的，但追求安全感以及人的惰性和依赖性等等因素，又促使人们特别注重有一个属于自己的"窝"。所以人们常说安居乐业，由此可见居住对于人类的重要性。

有佛经专门论及天人的居住环境，首先是从安全角度考虑。如《法苑珠林》卷3云："天帝释所都大城，城有千门严饰壮丽，门有五百青衣药叉，勇健端严，长一逾缮那量，各严铠仗防守城门。""中央金城帝释住处……四面四百九十九门，复有一小门凡五百门。是城形相翼卫四兵，栅堑树池杂林宫殿。……是城中央宝楼重阁……其阁四边却敌宝楼，东边二十六所，三面各二十五所，凡一百一所。"[1] 有"药叉""各严铠仗防守城门"，"城形相翼卫四兵"，宫殿周围有"栅堑"，楼阁四面还有瞭望敌情的"宝楼……一百一所……高半由旬以为观望"。

其建筑与装饰所用的材料为："城之四面为千门楼，是诸城门众宝所成，种种摩尼之所严饰。""帝释所住之处，并是琉璃所成众宝厕填。""有池亦名欢喜，……宝为砖垒其底岸。"[2]

而水池是如意池："八功德水弥满其中。"[3] 所谓八功德水，据

[1]《法苑珠林》卷3，《大正新修大藏经》第53册，第287、289页。

[2]《法苑珠林》卷3，《大正新修大藏经》第53册，第287、289页。

[3]《法苑珠林》卷3，《大正新修大藏经》第53册，第287页。

玄奘译《称赞净土佛摄受经》云："何等名为八功德水？一者澄净，二者清冷，三者甘美，四者轻软，五者润泽，六者安和，七者饮时除饥渴等无量过患，八者饮已定能长养诸根四大。"①

居住的周边自然环境为："随欲四苑花鸟香林庄饰。""花果鸟林种种翔鸣。"②

城市街道路面的情况是："其地平坦，亦真金所成，俱用百一杂宝严饰，地触柔软如妒罗绵，于践蹋时随足高下。""市中间路软滑可爱。"③

城市的布局是："其城内四边住处。衢巷市廛并皆调直。是诸天城随其福德。屋舍多少众宝所成平正端直。是天城路数有五百。四陌相通行列分明。皆如基道四门通达东西相见。"④

并且特别注重城市的商业贸易功能："巷市廛宝货盈满，其中天上有其七市：第一谷米市，第二衣服市，第三众香市，第四饮食市，第五华鬘市，第六工巧市，第七淫女市，处处并有市官。是诸市中天子天女往来贸易，商量贵贱，求索增减，称量断数，具市廛法。"⑤

在敦煌壁画中，描绘了不少反映当时人们理想世界的居住环境。如《西方净土变》中，首先映入观者眼帘的，除了佛、菩萨等人物像外，恐怕就是那些规模宏伟的建筑物了（图1）。这些宫殿式建筑物，装饰华丽，气势磅礴，如《佛说阿弥陀经》所云："楼阁，亦以金银、琉璃、颇梨（玻璃）、车（砗）磲、赤珠、马（玛）瑙而严饰之。"⑥其规模正如唐代杜牧《阿房宫赋》所云："五步一楼，十步一阁；廊腰缦回，檐牙高啄；各抱地势，钩心斗角。盘盘焉，囷囷焉，蜂房水涡，矗不知乎几千万落。长桥卧波，未云何龙？复道行空，不霁何虹？高低冥迷，不知东西。歌台暖响，

①《大正新修大藏经》第 12 册，第 348 页。
②《法苑珠林》卷 3，《大正新修大藏经》第 53 册，第 287、289 页。
③《法苑珠林》卷 3，《大正新修大藏经》第 53 册，第 287、289 页。
④《法苑珠林》卷 3，《大正新修大藏经》第 53 册，第 289 页。
⑤《法苑珠林》卷 3，《大正新修大藏经》第 53 册，第 289 页。
⑥《大正新修大藏经》第 12 册，第 346 页。

图1 初唐第329窟南壁 阿弥陀经变

春光融融；舞殿冷袖，风雨凄凄。一日之内，一宫之间，而气候不齐。"

居住环境的舒适实用，不仅现代人追求，古代人也颇为重视。《西方净土变》等经变画中的七宝池，池中的功德水不仅具有清凉、甘美、润泽、解渴等作用，并且当有人跳进池中沐浴时，就好像进入一个现代化浴室一样，可随意调节水量、水温。

更注重城市环境的清洁卫生。据《佛说弥勒下生成佛经》说，在弥勒世界里："街巷道陌广十二里，扫洒清净。有大力龙王名曰多罗尸弃，其池近城龙王宫殿，在此池中常于夜半，降微细雨用淹尘土。其地润泽譬若油涂。行人来往无有尘坌。……城邑舍宅及诸里巷，乃至无有细微土块。……有大夜叉神名跋陀波罗赊塞

①《大正新修大藏经》第14册，第423页。

②《大正新修大藏经》第14册，第423页。

③《大正新修大藏经》第14册，第423页。

迦（秦言善教）常护此城扫除清净。"有龙王夜叉常于夜晚洒扫街巷道陌（图2、图3）。更为有趣的是，人们要大小便时："若有便利不净，地裂受之，受已还合。"①照明亦是一大问题，现代城市人平常最害怕的就是停电停水。而《佛说弥勒下生经》中说，在弥勒世界里，"巷陌处处有明珠柱，皆高十里。其光明耀昼夜无异，灯烛之明不复为用"②。

另外也注重治安环境以及邻里关系等："时世安乐无有怨贼劫窃之患，城邑聚落无闭门者，亦无衰恼水火刀兵及诸饥馑毒害之难。人常慈心恭敬和顺，调伏诸根语言谦逊。"③

图2　榆林窟中唐第25窟北壁　弥勒经变　龙王洒水和夜叉扫地

图 3　榆林窟中唐第 25 窟北壁　弥勒经变　夜叉扫地

从以上情况可以看到，佛教社会理想中的"住"特别注重居住环境，不仅希望其建筑形式类似宫殿，追求的是豪华，甚至近于奢侈，同时追求舒适、实用、卫生、安全等；另外亦追求享受，如在建筑群中占重要位置的舞榭歌台，便和娱乐有密切关系。

具有防御功能的坞堡宅院

莫高窟北魏第 257 窟北壁《须摩提女缘品》壁画中，绘有一座坞堡宅院。宅院三面有城垣围绕，一侧有门楼，院内有堂，堂后有四层望楼，楼后有园，概括表示出宅院内的门、堂、寝、园的布局。城墙为赭黄色，似表示土筑；墙顶双线，代表土墙上加筑的女墙。宅第的墙垣上有突出并高于城垣的墩台，上部且向外斜挑而出，上面设施堞及堞眼，这就是所谓"马面"，显示出城墙的防御功能（图 1）。这

图 1　北魏第 257 窟北壁　须摩提女缘品　坞堡

图 2　西魏第 249 窟窟顶西披　坞堡

个宅院正是魏晋南北朝时期敦煌、嘉峪关一带的坞堡形象。

　　西魏第 249 窟窟顶西披，在所绘阿修罗身后上部的须弥山顶上，有城一座。该城仅绘一面，正中有一门洞，门洞有门框及双扇板门，门洞两侧是高高的城墙，沿墙及转角也都建了一系列墩台，高于墙体，平面突出于墙外，在墙体和墩台上也施堞及堞眼，形成"马面"的格局（图2）。

在嘉峪关魏晋壁画墓里，也绘有不少城堡，堡内有望楼，有的在旁侧书一"坞"字，表示城堡是坞堡的形象（图3）。坞墙高大，坞内中央多建一高楼或高墩，高墙上有阶梯状的雉堞，以便瞭望守护（图4）。魏晋时期，北方战乱频繁，地方豪族修筑坞堡自卫。《魏书·释老志》记载："敦煌地接西域……村坞相属。"[①]即指这种情况。

关于"马面"的功能，沈括《梦溪笔谈》云："延州故丰林县城……其城不甚厚，但马面极长且密。予亲使人步之，马面皆长四丈，相去六七丈。以其马面密则城不须太厚，人力亦难攻也。予曾亲见攻城，若马面长，则可反射城下攻者，兼密则矢石相及，敌人至城下，则四面矢石临之。须使敌人不能到城下，乃为良法。今边城虽厚，而马面极短且疏，若敌人可到城下，则城虽厚，终为危道。"[②]把马面的作用说得很清楚了。这里所说的丰林县城，系十六国大夏赫连勃勃所

①（北齐）魏收《魏书·释老志》，中华书局，1974年，第3032页。
②（宋）沈括《梦溪笔谈校译》（上），上海出版公司，1956年，第409、410页。

图3 嘉峪关壁画1号墓 坞堡

图4 嘉峪关壁画6号墓 坞堡

①以上均引自萧默编《敦煌建筑》，中国新疆美术摄影出版社、新西兰霍兰德出版有限公司，1992年，第56页。

筑。史载赫连氏十分重视筑城，《水经注》所记载赫连所筑的统万城，遗址至今尚存，就留有较完整的马面，是我国现存最早的马面实物。

至于莫高窟北魏第257窟北壁《须摩提女缘品》中马面上部向外挑出的做法，在古代文献和一些旁证实物中也可找到根据，并非画家想象之作。由南朝至唐，马面又名为"却敌"。唐代"却敌"的形制，据杜佑《通典》记载："却敌上建堞楼，以板挑出为橹。"这与宋·曾公亮《武经总要》的规定十分吻合，据《武经总要》云："敌楼，此城马面所设。"故宋代马面上的敌楼，就是唐代却敌上的堞楼，名异实一。《武经总要》又云："……敌楼……仍前出三尺……敌楼之制与战棚同。"谈到战棚时又说："楼棚踏空板内，杂出短兵，下刺登者，若登者渐多，则御以狼牙铁拍手，渐攀城则以连枷棒击之。"可知马面上部前挑是为了战时遇到敌人攀城时，可临时揭去前挑之踏空板以利下刺的。《武经总要》插图就绘出了马面上这种前挑的敌楼，用意正与壁画中所绘吻合（图5）。其实，不只是马面，就是在烽火台上，也可以做成上部挑出的形式。如新疆库车克孜尔尕哈烽火台，据称是早至西汉的遗存，其台顶四周就有均匀插置的向外挑出一米的木悬梁，便是这种做法的早期遗存（图6）。①

北魏第257窟北壁《须摩提女缘品》中的坞堡宅

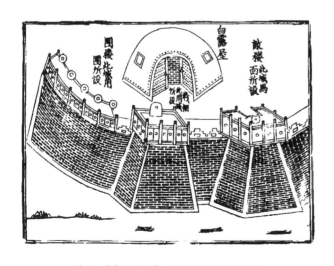

图5　《武经总要》　马面上部前挑的敌楼

院，是当时敦煌地区住宅的真实写照。这座坞堡式住宅，其坞墙筑有马面、堆堞，具有很强的防御性，同时作为居寝用的高楼，处在前堂和后园之间，位于坞院中部，亦可供四面瞭望之用。西北地区干旱，春夏风沙很大，冬季寒冷，自然条件严酷。因此这种以高大土墙围护的宅院，除了具有军事防卫作用外，在防沙御风方面，显然有很大优点。同时西北民族关系历来较为复杂，所以这种住宅形式一直延续到近代，称为庄窠或堡子、墩子等，分布于甘肃河西和青海东部等地区。其大型者内部排列着许多小院，庄墙高

图 6　克孜尔尕哈烽火台

大，可登临，有胸墙、射孔、门楼、角台或马面之设，外有壕沟围绕，俨然一座小城。敦煌县城曾经就有不少这样的堡子。

异域风格的西域式建筑

敦煌佛教文化直接来源于西域，所以在敦煌早期洞窟中，便出现了圆券拱、希腊式柱头、葱头形龛楣等具有西域建筑特色的形象。如北凉第272窟窟顶藻井四周天宫建筑，由连续的圆券拱组成，而圆券拱建筑形式来源于印度（图1）。又，北凉第268窟西壁圆券龛下两侧的龛柱，则是爱奥尼卷旋形的希腊式柱头（图2）。北魏第254窟、257窟等洞窟中心柱的佛龛则是葱头形龛楣。

初唐第323窟北壁《张骞出使西域图》画面左上方，张骞等人骑行前进途中，

图1 北凉第272窟窟顶 圆券拱天宫

图2 北凉第268窟西壁 圆券龛

远方一处城郭在望，城内有西域式佛塔，城门外立二比丘，旁侧榜题："□大夏时。"表示张骞一行西行至西域大夏国礼拜佛塔的情景。这便是一座西域建筑风格的城堡（图3）。

不过，最有特色的是盛唐第217窟南壁《法华经变》（也有学者认为是《佛顶尊胜陀罗尼经变》）中所绘的西域城堡。画面右上方绘一城郭，城外有一人正引导两个骑驴之人前往城内，城内有两人面对一塔合什作礼拜状。该城之城门、角台顶部均为半圆状，城中一塔开尖拱形门，顶部亦为半圆状（图4）。梁思成先生对此曾指出："壁画中最奇特的一座城是第217窟所见。这座城显然是西域景色。城门和城内的房屋显然都是发券构成的，由各城门和城内房屋的半圆形顶以及房屋两面的券门可以看出。"[①]不论第217窟南壁这幅壁画是《法华经变》还是《佛顶尊胜陀罗尼经变》，该城堡为西域式建筑则是一致肯定的。

①《梁思成全集》第1卷《敦煌壁画中所见的中国古代建筑》，转引自孙毅华、孙儒僩《解读敦煌：中世纪建筑画》，华东师范大学出版社，2010年，第88页。

图 3　初唐第 323 窟北壁　西域城堡

图 4　盛唐第 217 窟南壁　西域城堡

图 5　盛唐第 217 窟南壁　中西两式住宅

　　特别令人关注的是，在盛唐第 217 窟南壁《法华经变》画面中段下半部，竟出现了迥然相异两种不同建筑风格的宅院。画面左侧是汉式住宅，右侧是西域式住宅。汉式住宅为瓦顶建筑，院墙和门的前面有小山掩映；宅院内有厅堂三间，下有砖砌台基、散水；室内方砖铺地，内部有床，床后有屏风。室内床上坐着两位妇女，其中一人怀抱婴儿；室外一拄杖男子由一女子引导走来，后面跟着一童子。西域式住宅外有高墙和墩台围护，院中有一圆拱形屋顶的房屋，屋前庭院内置一床，床上坐有三人，其中一人怀抱婴儿（图 5、图 6）。现在新疆的少数民族房屋虽然不作拱券形了，但建筑中依然还有发券的因素，在室外置床纳凉的生活习俗依然还保留着。

　　盛唐第 103 窟南壁《法华经变》中所绘的西域城堡则与第 217 窟南壁所绘的城堡有所差异。该城为平台式城门，转角也是平台式墩台，不过城中之塔的形状类似（图 7）。

图 6　盛唐第 217 窟南壁　中西两式住宅（引自孙毅华等《解读敦煌：中世纪建筑画》，华东师范大学
出版社，2016 年）

图 7　盛唐第 103 窟南壁　西域城堡

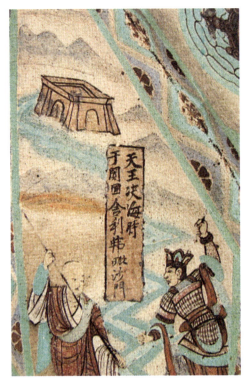

图8　晚唐第237窟西壁龛顶北披　毗沙门天王决海　西域城堡

晚唐第237窟西壁龛顶北披《毗沙门天王决海图》中绘有一座小城堡，其城门道画作半圆券顶，同时壁画有榜题："于阗国舍利弗毗沙门天王决海时。"可见这也是一座西域式建筑（图8）。

西域城堡的最大特点是没有木结构的城楼和角楼，代替它们的是一些筒拱顶，城内的塔顶层也作筒拱顶，塔身和筒拱都开圆券门。这是因为新疆地处大陆中心，少雨少雪，气候干燥。南疆一带缺少木材，城郭村聚都集中在天山脚下的一个个绿洲内。这些绿洲由黄土冲积扇形成，黄土取之不尽，所以新疆很早就发展了完全土结构的房屋。克孜尔石窟早期洞窟就普遍采取了筒拱顶的形式。土结构在吐鲁番更为发达，一直到现代仍十分盛行，所砌土坯筒拱跨度可以达到3.5米。敦煌壁画中的西域式城堡和房屋形象，正是土结构建筑技术的反映。

传统风格的中原式建筑

敦煌佛教艺术在接受西域文化影响的同时，也接受中原文化的影响。这在盛唐第217窟反映得最为明显，不仅南壁《法华经变》中画面中段出现了汉式和西域式两种不同建筑风格的民居宅院，而且与南壁《法华经变》画面西侧的西域式城堡相对应，北壁《观无量寿经变》画面西侧"未生怨"中出现了来自中原的汉式宫城。

第217窟北壁西侧《观无量寿经变》"未生怨"中所绘的宫城，不仅城楼屋顶建筑为中原传统的四阿顶或歇山顶以及木结构斗拱等，最令建筑学家关注的是该

城楼和门道顶之间出现了一个特殊的
夹层。这是一条由墙顶通向城楼或角
楼的暗道。它没有采用露明的上楼踏
道，而是在城台顶部临向城墙墙顶的
一侧开了一个券洞门（图1、图2）。
可以推测，人员是经由这里出入的。
由墙顶到达城楼，可在券洞内设暗梯
登上；由城楼一侧的墙顶到另一侧去，
也可以对开券门，在券洞中通行，人
员始终处于掩护之下，颇为科学。

初唐第323窟南壁《隋文帝请昙
延法师祈雨》绘高僧昙延法师来到京
城长安的故事，画面中所绘宫城即当

图1　盛唐第217窟北壁　宫城

图2　盛唐第217窟北壁　城墙和门道顶之间的夹层

时尚存的汉长安城。图中只显示了全城的一部分，可以看出在城的一面，城墙有多达九处的直角转折（图3、图4）。在唐以前我国城市作多次直角转折者最典型的便是汉长安城。汉长安城建于惠帝时期，而在汉惠帝筑长安城前，此处就先已恢复了秦代的一座离宫并予扩建，即长乐宫，于是长安城南墙沿宫城南墙、北墙顺渭河水道，多次转折，象征北斗和南斗的星象。初唐第323窟《隋文帝请昙延法师祈雨》中所绘之城，其多次转折与原长安城情况大致相同。

图3 初唐第323窟南壁 汉长安城

民居宅院则与北京四合院住宅颇为相近。如盛唐第23窟南壁《法华经变》中，画了一座典型的北方民居大院。该宅院外面是夯土围墙，正面大门为乌头门；门内小院之后才是院墙及院门，门内庭院开阔，正中堂屋三间，两侧各有侧室三间；堂屋之内均有床。与堂屋相对的房屋，犹似四合院里的倒座。宅院的门不在轴线中间，而偏向一侧，与北方四合院的宅门在东南角相似（图5）。

晚唐第85窟窟顶南披《法

图4 初唐第323窟南壁 汉长安城（引自萧默《敦煌建筑研究》，文物出版社，1989年）

华经变》中的民居宅院，不仅与北京四合院相近，而且特别具有地方特色。该宅院以廊庑分为前后二院，前院横长，后院方阔，有大门和中门；后院中心有一楼。四围的廊庑不仅是走廊，同时也有居住的房间。住宅的一侧是饲养牲畜的厩院，夯土围墙，乌头门；靠门处有一隔间供奴仆居住。宅院外有农夫耕作（图6）。住宅一侧饲养牲畜和让奴仆居住的厩院，反映了严格的

图5　盛唐第23窟南壁　宅院

主仆等级制度，并表示奴仆地位与牲畜等同。另外，前后二院的布局除了使主院与外界更多一层间隔，以求更安静更隐蔽安全适于居住外，同时也是一整套强调尊

图6　晚唐第85窟窟顶南坡　宅院

①转引自萧默《敦煌建筑研究》，文物出版社，1989年，第180页。

卑长幼男女内外之别的封建宗法制度的反映，有其深刻的社会内容。元代陈元靓《事林广记》记载："凡为宫室（此指宅院），必辨内外。深宫固门，内外不共井，不共浴室，不共厕。男治外事，女治内事。男子昼无故不处私室，妇人无故不窥中门。有故出中门必拥蔽其面。……男仆非有缮修及有大故（大故谓水火盗贼之类），亦必以袖遮其面，女仆无故不出中门，有故出中门亦必拥蔽其面。"①第85窟壁画内住宅主院正房内坐着"治内事"的女主人，正在向躬身而听的男仆吩咐什么，院内一侧有一个妇女后面跟着三个孩子，大门和中门前有恭谨守门迎宾的男仆，都是当时现实生活的真实写照。

盛唐第445窟北壁《弥勒经变》中为了表现弥勒居住的天宫，描绘了大小十座院落。这些院落绘在一座座祥云缭绕的悬崖峭壁上，形成一个个独立的院落，院内再分隔成一进或多进。院落平

图7 盛唐第445窟北壁 心形院落

面不拘泥于常见的方形或矩形，而是随着地形变化呈圆形、心形、桃形或前圆后方等（图7、图8）。院落全部有围墙环绕，形成座座围屋，颇似南方客家围屋形式的圆楼（图9）。这反映了当时宅院建筑的多样性，同时也可能是历史上为了躲避战

图8　盛唐第445窟北壁　圆形院落

图9　盛唐第445窟北壁　围屋式院落

图 10　宋代第 55 窟南壁　茅舍

乱，在偏僻地区以家族或乡邻聚集修建的聚落形宅院，也许是南方客家围屋的早期形式。

　　敦煌壁画中除了表现大型宅院外，还有一些茅屋形式。如宋代第 55 窟南壁《弥勒经变》中的茅屋小院，简单的茅屋以带有枝杈的自然树干为柱，柱下有土台基；屋顶四坡用茅草重叠铺盖，在坡脊的交点，又多用草把加盖；茅屋四周围用篱笆围护，系以自然小树枝编织而成（图 10）。这种茅屋大都见于南方，北方偶有所见，或为主人怀旧，或为庭园点缀，并不普遍。敦煌壁画中往往画有南方景物，如水牛、翠竹、远江浮船以及上面介绍的围屋等，皆非西北大漠可得见，茅屋亦然。

便于管理控制的里坊城

　　敦煌壁画中的城市一般只表现了城垣的状况，并没有表现城市内部的布局，但在中唐以后到宋代的二十多幅《华严经变》中出现的所谓"莲华藏世界"，却可以说是古代里坊制度的某种表现。

　　坊、里、闾里或邑里，都是某种居住地段的单位名称。它的起源很早，至少在汉代就已经出现，或许已经有了一定的体制规定。据唐代佚名《三辅旧事》记载："（汉）长安城中八街九陌，闾里一百六十，室居栉比，门巷修直。"[①]宋代高承《事物纪原》卷 8 记载："坊，方也，言人所居之里为方。方，正也。又方，类

①《三辅黄图（及其他三种）》，王云五主编《丛书集成初编》，中华书局，1985 年，第 19 页。

也。方以类聚，居者必求其类……汉宫阙名曰洛阳，故北宫有九子坊，则坊名汉有也。"①

有关里坊制度的具体记载，如《魏书》载："五万人筑京师三百二十三坊，四旬而罢。"又载："于京四面，筑坊三百二十，各周一千二百步，乞发三正复丁，以充兹役，虽有暂劳，奸盗永止。"②既然是建"筑"，目的是防"奸盗"，可见四面应该有围墙。

根据文献记载，一座大城里纵横相对地排列着许许多多的坊，在每坊坊墙上各面正中开一门，或只开二门相对。门上有楼，形如一座座小城。宋代宋敏求《长安志》卷7记载："皇城之东尽东郭，东西三坊；皇城之西尽西郭，东西三坊；南北皆十三坊。……每坊皆开四门，有十字街，四出趣门。皇城之南，东西四坊……南北九坊……每坊但开东西二门，中有横街而已。"③通过对唐长安的考古发掘，已经找出了某些坊墙的遗址：基宽约2.5米—3米，城外2米许有水沟围绕。坊内小街情况参照经钻探的怀德坊和长兴坊看来，符合《长安志》的记载④。

根据《华严经》，所谓"莲华藏世界"，是释迦如来真身毗卢舍那佛的净土，它包藏在一朵生长在香水海里的大莲花中。此莲花内有"金刚大轮围山"，山间含藏着微尘数的世界，所以叫作"莲华藏世界"，或略为"华藏世界""华严世界"。为了表现华严世界，画师们选取现实中城市里坊群作为其形象依据：在海上大莲花内山峦环绕之中画许多纵横成方格形状的街道，各方格都是一座小城。大多数小城四面各开一门，有的只在二面各开一门，也有在一面墙上开二门的。门或只作门洞，或于门洞上加屋顶成大门式，更多的是和一般城垣一样设城台城楼，但都没有角台和角楼。有的在这一群小城的中心绘佛像一尊，表示为毗卢舍那佛

①（宋）高承《事物纪原》（三），王云五主编《丛书集成初编》，中华书局，1985年，第316页。
②（北齐）魏收《魏书》，中华书局，1974年，第194、428、429页。
③（宋）宋敏求《长安志（附长安志图）》（一），王云五主编《丛书集成初编》，中华书局，1985年，第84页。
④马得志《唐长安考古纪略》，《考古》1963年第11期。

图 1 晚唐第 85 窟窟顶北披 莲华藏世界 里坊城

居住的世界（图 1）。显然，这是唐代里坊制度相当真切的形象表现。

古代居民住在这种里坊中受到严格控制，除了经特许的三品以上官吏外，禁止住宅直接向坊外开门。晨昏击鼓为号启闭坊门，在关闭坊门后若仍有人在坊外大街上行走，称为犯夜。《唐律疏议》卷 26 云："诸犯夜者，笞二十。"其注云："闭门鼓后，开门鼓前，行者皆为犯夜。"其疏云："宫卫令：'五更三筹，顺天门击鼓，听人行。昼漏尽，顺天门击鼓四百槌讫，闭门。后更击六百槌，坊门皆闭，禁人行。'"[1]《南部新书》记载唐代长安："长安中秋望夜，有人闻鬼吟曰：'六街鼓歇行人绝，九衢茫茫空有月。'"[2]所以说所谓的"防奸盗"，与其说是防止坊外人入坊奸盗，毋宁说是防止坊内人出来造反。里坊制实际上反映了封建社会中尖锐的阶级对立情况。

在里坊制的城市，大街上只见坊墙，不见房屋，商店集中在

① （唐）长孙无忌《唐律疏议》，中华书局，1983 年，第 489、490 页。
② （宋）钱易《南部新书》，中华书局，1958 年，第 9 页。

城中某些坊内，称为"市"。唐长安就有东市、西市。到了北宋，由于商品经济的发展，出现了繁忙的日夜贸易，夜禁显然已不可能，所以宋太祖于乾德三年颁布诏令废除夜禁，里坊制也逐渐名存实亡。同时，汴梁商店多沿水道自然设置，铺面向着大街，出现了商业街，于是城市景观大变。《清明上河图》就是里坊制消亡以后城市面貌的反映。

值得注意的是，现代修建的住宅小区的性质和古代里坊非常相似，其目的主要也是为了防止外人进来"奸盗"。现在的小区不仅有保安在大门守卫，在规定的时间也要关闭大门，而且每个住宅单元还安装有防盗门，可谓城中城；小区许多地方还安装有监控摄像。另外小区冠以的"某某花园""某某城"名称和古代里坊冠以的"某某坊"名称也相似。总之，都是为了便于管理和监控。

遮蔽作用的障日板、帐帷、屏风

在莫高窟西魏第 249 窟窟顶西披下部两侧，各绘有殿堂一座。殿堂的屋顶均为歇山顶，檐口正中也都有一个向上撑起的障日板。障日板中绘两条横线和三条竖线，可能表示障日板是先由木条制作成框架，然后再覆盖钉上一层薄板而成（图1—图3）。

初唐第 338 窟西壁龛顶《弥勒经变》中，大殿左右两侧是相对的三开间配殿。

图 1　西魏第 249 窟西披　有障日板的殿堂

图2　西魏第249窟西披　有障日板的殿堂　　　　　　图3　西魏第249窟西披　有障日板的殿堂

配殿檐下也各有一个向上撑起的障日板，板上画宝相团花（图4、图5）。

障日板的作用主要是遮蔽日晒，这是因为当时建筑技术中斗拱结构可能还不够完善，房屋出檐较短，因此设法在檐口支撑起一块大大的障日板来避免强烈的日照。由于配殿通常位于大殿的东西两侧，日照强烈，故用障日板遮蔽阳光。如唐代段成式《寺塔记》记载："平康坊菩提寺佛殿东西障日及诸柱上图画，是东廊迹。"[①]其中的"障日"，即指佛殿东西两侧的障日板。宋

① （唐）段成式《寺塔记》，人民美术出版社，1964年，第15页。

图4　初唐第338窟西壁龛顶　有障日板的两侧配殿

代《营造法式》中记载："障日板……施之于格子门及门、窗之上。"[1]敦煌壁画中很直观地用于殿堂的门前上方，并且用纵横线条绘有格子状，不知这与"格子门"有无关系？

障日板是针对自然界而设置的蔽障物，而既针对自然界同时也针对人类自身而设置的蔽障物则有帐帷、屏风等。

帐帷，或曰帷帐，是一种张挂或支架起来作为遮蔽用的器物，通常用布帛毡革制成。一般而言，帐是有顶的篷帐，帷是四周相围而无顶的篷帐。

敦煌壁画中所绘的帐与帷，主要见于婚礼图中。如盛唐第33窟南壁《弥勒经变》婚礼图中的帐为长方形，两坡顶，两壁垂直，山面敞开，帐内设宴席；其

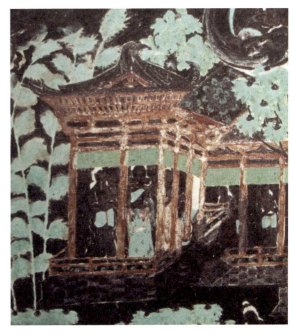

图5　初唐第338窟西壁龛顶　有障日板的配殿

图6　盛唐第33窟南壁　婚礼图

周围又用布幔围成"院墙"的形式，即帷。帷帐内众人正在举行婚礼（图6）。榆林窟五代第20窟南壁《弥勒经变》婚礼图中的帐为方形，两坡顶，两壁垂直，山面敞开，帐内设宴席；帐与帷被分别隔离为两个部分；搭帐布和搭挂帷幕的木杆支架结构都非常清楚（图7）。盛唐第445窟北壁《弥勒经变》婚礼图的帐设置

①转引自孙毅华、孙儒僩《解读敦煌：中世纪建筑画》，华东师范大学出版社，2010年，第45页。

图 7　榆林窟五代第 20 窟南壁　婚礼图

图 8　盛唐第 445 窟北壁　婚礼图　屏风

在宅院旁侧，为长方形，盝顶
状，两壁垂直，山面敞开，帐
内设宴席；表演场地没有用帷
幕，而改用有斜撑的六座屏风
围合而成，屏风的色彩有的是
绿色，有的是赭褐色（图8）。
也有的虽然是两坡顶，但两壁
则斜张而下，和现代的简易帐
篷很相似。另外，盛唐第445
窟北壁《弥勒经变》剃度图中

图9 盛唐第445窟北壁 剃度图

一群等待剃度的宫女们正挤在一帷幕之内，该帷幕的作用显然是
为了遮挡外人观看（图9）。

帐帷之设，汉魏之时已有且常同时并用，也不局限于婚礼场
合而多用于郊外游玩时。据唐代欧阳询《艺文类聚》卷61记载：
汉代仲长昌云"连帷为城，构帐为宫"；汉代扬雄《蜀都赋》云
"延帷扬幕，接帐连冈"；魏人刘邵《赵都赋》云"朱幕蔽野，彩
帷连冈"①。

帐之用于婚礼，据唐代段成式《西阳杂俎》记载："今士大夫
家婚礼露施帐，谓之入帐，新妇乘鞍，悉北朝余风也。"又说："北
方婚礼必用青布幔为屋，谓之青庐，于此交拜，迎新妇。"②由此
可知帐又可以称为露帐或青庐。唐至五代文献关于婚礼用帐的记
载很多，如唐代封演《封氏闻见记》卷5记载："及有卜地安帐并
拜堂之礼，上自皇室，下至士庶，莫不皆然。"③

敦煌文献P.2646《新集吉凶书仪》中记载："女家铺设帐
仪：凡成礼须在宅上西南角吉地安帐，铺设了，儿郎索果子、金

① （唐）欧阳询《艺
文类聚》（上），上
海古籍出版社，
1965年，第1095、
1096、1105页。
② （唐）段成式《西
阳杂俎》续集卷4，
中华书局，1981年，
第241页。
③ （唐）封演《封
氏闻见记校注》，
中华书局，1958年，
第39页。

①（宋）高承《事物纪原》,《丛书集成初编》,中华书局,1985 年,第286页。

钱撒帐。……撒帐了,即以扇及行障遮女家堂中,令女婿俟相行礼。……礼毕升堂奠雁,令女坐马鞍上,以坐障隔之,女婿取雁隔障掷入堂中,女家人承之。"P.3350《下女夫词》中亦云:"壹双青白鸽,绕帐三五匝。"均谈及帐与帏（障）在婚礼中之功用。

屏风的起源很早,宋代高承《事物纪原》卷 8 记载:"屏风之名,出于汉世……汉制屏风,盖起于周皇邸斧扆之事也。"①敦煌文献中也有不少关于屏风的记载,如 P.3350《下女夫词》云:"堂门策四方,里有四合床。屏风十二扇,锦被画文章。"又,P.3432《龙兴寺器物历》记载:"仏屏风像壹合陆扇。"P.2613《咸通十四年敦煌某寺器物账》记载:"屏风骨两副……纸屏风面壹副……阿

图 10　盛唐第 23 窟窟顶东披　法华经变　屏风

弥陀瓶（屏）风壹合。"P.3067《某寺交割常住什物点检历》记载："大佛屏风拾贰扇，小屏风子肆扇。"

敦煌壁画中的屏风，以盛唐第445窟北壁《弥勒经变》婚礼图中的六座屏风最有特色，另外如盛唐第23窟窟顶东披《法华经变》和盛唐第103窟东壁《维摩诘经变》所绘的屏风大多位于一些人物所坐的床榻上，主要具有装饰作用，遮蔽功能相对较少（图10、图11）。

图11　盛唐第103窟东壁　维摩诘经变　屏风

文人情趣的亭、草堂、园石

榆林窟西夏第3窟西壁窟门南北两侧，分别绘制了大幅的《普贤变》和《文殊变》。这两幅经变的画面上方，绘群山之间隐现楼阁亭台、神仙洞府、农家茅舍，一派飘然世外的人间仙境。

《普贤变》绘于窟门南侧，画面上部山峰层峦叠嶂，山环水绕，奇峰突兀，壁立千仞。峰回路转之间，亭阁错落，重檐殿阁，水榭平台，恢宏雄伟。崖壁之下，竹篱茅舍，简朴清净，雅趣宜人。草庐错落有致，木桩篱墙，隔绝了人世的喧嚣，透露出恬静、清幽的气氛；但茅舍门前的潺潺流水和憩坐、洗衣、晒衣用的石条，又充满了浓郁的生活气息。山脚下层层平台，丛林掩映，瀑布飞泉直泻如苍茫大海。海面上波涛汹涌，白云翻滚，云头上是骑着白象的普贤菩萨，后面跟着象奴，周围有梵天、菩萨、罗汉、天王等护从簇拥着，一同行进在云雾之中（图1）。

《文殊变》绘于窟门北侧，画面上部群山耸峙，亭台楼阁掩映于峰峦之间。主峰的山坳里，矗立着一座重檐翘角的高大殿堂，廊柱、斗拱、飞檐、瓦棱、屋脊、鸱

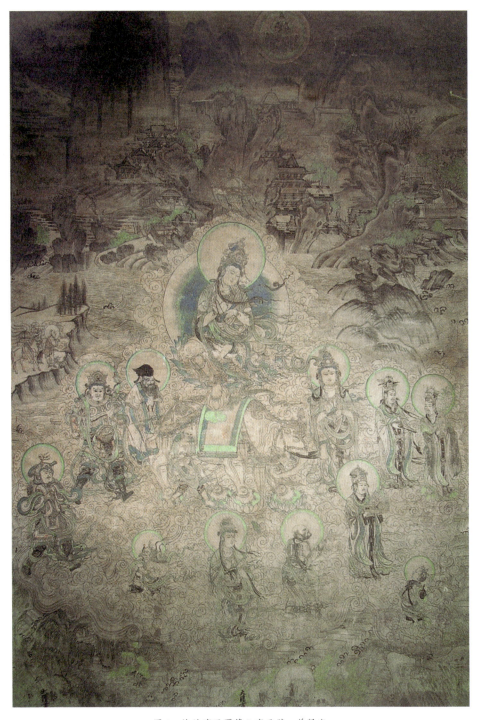

图 1　榆林窟西夏第 3 窟西壁　普贤变

图 2　榆林窟西夏第 3 窟西壁　文殊变

吻都描绘得非常精细。主峰前面有两峰相对如阙，从两峰间向外涌出一股水来。山
涧之中一道彩虹飞跨高低两山，七个仙人自下而上飘然行走在彩虹之上。主峰殿宇
下方有一个山洞，两扇神秘的大门半开半掩，从洞府里斜射出一道细长的光柱，更
增添了几分神异诡秘。山坳间亭阁错落，其间也有木栅栏围着的茅草屋院落。画面
下部是大片海浪和云雾，骑狮的文殊菩萨在众护从簇拥中缓缓行进在云雾里（图 2）。

虽然这两幅画面中引人注目的建筑物仍然是恢宏华丽的殿宇楼阁，但令学者关注的却是其中的亭、草堂和园石。

榆林窟第3窟《普贤变》中有三处绘有亭。一处是在画面接近顶部的中央山峰上面，为盝形顶的四方亭，三间开，草屋顶，亭周围有栏杆（图3）。第二处在画面上部左侧一倾斜的山崖下，为类似盝形顶的四方亭，三间开，草屋顶，亭周围有土墙（图4）。第三处在画面右上侧远景的山边河畔绘有一亭，为类似盝形顶的四方亭，三间开，草屋顶，亭下部可见有几根柱支撑，表明是建造在水上的。

草堂有三处，一处绘于《普贤变》画面右侧，山崖旁一个由竹篱围成的小院中，有几间歇山顶茅草小屋；门前有洗衣、晒衣或憩坐的方石，周围花树环抱，一派世外桃源景象（图5）。另一处在《普贤变》画面上部左侧亭子的下方，岩石后面半隐半现一座由木栅栏围成的院落，院内的屋子只能看见一角，屋顶为歇山顶；周围花树环抱，与上方的草亭相映成

图3　榆林窟西夏第3窟西壁　普贤变中的亭

图4　榆林窟西夏第3窟西壁　普贤变中的亭和草庐

图 5　榆林窟西夏第 3 窟西壁　普贤变中的草庐

趣。还有一处在《文殊变》画面上部的左侧，这是位于一个平台上的独立的草堂，人字坡顶用一层层茅草覆盖，在屋脊和坡脊处用草把加盖，还绘有斗拱、窗户、墙基等，颇为精致（图6）。

园石有两处，一处在《普贤变》画面上半部左侧，海岸边矗立着一块瘦骨嶙峋的奇石，其旁侧有一枯树盘根与之相映成趣（图7）。另一处在《文殊变》画面上半部右侧，在洞府下方海边荒滩上矗立着两块细高的奇石，旁侧不远处有一枯树与之相映成趣（图8）。这两处的树石，特别是竖着的嶙峋奇石，与唐宋文人画中所描绘的园林观赏树石非常相似。

如果撇开《普贤变》《文殊变》画面下部的普贤、文殊菩萨及护法等宗教因素不论，画面上部所绘景色可以谓之仙山琼阁、神仙洞府，反映了当时文人的一种审美情趣，正如隋代杨素《山斋独坐赠薛内史》云："岩壑澄清景，景清岩壑深。白云飞暮色，绿水激清音。洞户散余彩，山窗凝宿阴。花草共萦映，树石相陵临。独

图6　榆林窟西夏第3窟西壁　文殊变中的草庐

图7　榆林窟西夏第3窟西壁　普贤变中的树石

坐对陈榻，无客有鸣琴。寂寂幽山里，谁知无闷心。"①

　　关于榆林窟这两幅画与中原文人审美意识的关系，已有学者论证，如赵声良先生曾指出："郭熙的《早春图》右侧山脚画有一亭……榆林窟第3窟的普贤变中央部的一座亭与此相似。……台北故宫博物院所藏的一件宋人《山水图轴》……山庄的左侧一半被山岩遮住，右侧可见院落和竹篱，这样的宅院构成与榆林窟第3窟普贤变中的山庄十分相似，……《山水图轴》中央部也画出山庄旁边有一座亭，这样的组合与榆林窟第3窟的壁画中也

图8　榆林窟西夏第3窟西壁　文殊变中洞府前的树石

比较一致。""草堂、亭、园石等都是与中国古代文人生活密切相关的风景要素，在宋元山水画中成为常见的景物，……自南北朝以来，贵族文人们常常在景色优美的地方造别墅（或叫别业），在那里住宿，或与友人集会，一起饮酒赋诗。……在这样的风气影响下，山水画里也描绘出了亭、草堂之类的特定建筑物，以及园石。榆林窟的山水画中表现出这样的园林要素来，体现了中国传统的文人意识。"②

赖以栖身的草庵、穹庐

　　草庵，或曰草庐，又称为蜗舍。据晋人崔豹《古今注》记载："野人结圆舍，如蜗牛之壳，故曰蜗舍。"③又，《三国志》中裴松

①柴华主编《中华文化典籍精华·古诗源》（下册），黑龙江人民出版社，2004年，第544、545页。

②赵声良《榆林窟第3窟壁画中的亭、草堂、园石》，《敦煌研究》2004年第1期，第7-13页。

③（晋）崔豹、（后唐）马缟、（唐）苏鹗《古今注·中华古今注·苏氏演义》，商务印书馆，1956年，第17页。

①（晋）陈寿《三国志·魏书》，中华书局，1982年，第366页。
②（汉）史游《急就篇》，岳麓书社，1989年，第230页。
③张锡后校辑《王梵志诗校辑》，中华书局，1983年，第164页。
④刘熙《释名》，王云五主编《丛书集成初编》中华书局，1985年，第89页。

之注引《魏略》曰："焦先及杨沛，并作瓜牛庐，止其中。以为瓜当作蜗；蜗，螺虫之有角者也，俗或呼为黄犊。先等作圈舍，形如蜗牛蔽，故谓之蜗牛庐。"①汉代史游《急就篇》卷3记载："庐，别室也，一曰田野之室也。"②敦煌文献《王梵志诗·贫穷田舍汉》亦云："贫穷田舍汉，庵子极孤凄。"③所以说这种草庵、草庐是山野最贫苦的人民赖以栖身的简陋住所。

敦煌壁画中的草庵、草庐最初也出现在山野之中，如西魏第285窟南壁《施身闻偈》画面中在一山野禅窟旁侧有一小小的草庵（图1）。这个草庵为圆穹顶，开圆券门，圆穹以草覆盖，顶部用束草作结，正如刘熙《释名》所记载："寄止曰庐，庐虑也，取自覆虑也。草圆屋曰蒲，蒲敷也，总其上而敷下也。又谓之庵，庵奄也，所以自覆奄也。"④这种所谓的"结草为庐"，其用途显然是供修行者栖身之用。虽然有些修行者本来出身高贵，但此时体验的是苦行生活，所以这类草庵仍然属于贫苦人民居住的勉强能遮风

图1　西魏第285窟南壁　施身闻偈　草庵与禅窟

图 2 五代第 61 窟西壁 五台山图 草庵

图 3 五代第 61 窟西壁 五台山图 赵四师庵与法华之庵

挡雨的极为简陋的住所。敦煌壁画中还有不少这样的草庵，如五代第 61 窟西壁《五台山图》中榜题"东台之顶"旁侧的几个小草庵（图 2）和画面中部下方的"赵四师庵"和"法华之庵"等（图 3）。

图 4　中唐第 231 窟南壁　法华经变　穷子喻

图 5　五代第 98 窟南壁　法华经变　穷子喻

图 6　五代第 61 窟南壁　法华经变　穷子喻

在村庄大宅院旁侧也有这样的草庵，如中唐第 231 窟、五代第 98 窟、五代第 61 窟等洞窟的《法华经变》"穷子喻"中，在富家大宅院的一侧是饲养牲畜的厩院，厩院中有一供奴仆居住的草庵（图 4、图 5、图 6）。这类草庵不仅构造简易，只能容一人之身，并且与饲养的牲畜同在一个厩院，既表示奴仆地位与牲畜等同，同时也说明这种草庵确实是最贫苦之人赖以栖身的住所。

另外在坟茔旁侧也有这样的草庵，其用途是让孝子居住在草庵内守孝。如榆林窟五代第 19 窟前室甬道北壁《目连变相》中便有一幅结庐守墓图，画面中在一座坟茔外侧设一草庵，草庵为圆穹顶，圆穹以草覆盖，开圆券门，顶部用束草作结；圆券门内坐一孝子，一手执笔，一手执纸，面前有一案几，案几上放有经卷（图 7）。虽然结庐守墓的孝子因为家庭经济条件不同而有贫富差异，如该幅图中所绘的孝

①《大正新修大藏经》第54册，第836页。

图7　榆林窟五代第19窟前室甬道北壁　目连变相　结庐守墓图

子为读书人，可能属于富裕人家。但此时居住在坟茔旁侧的草庵，则是希望通过苦行磨炼心志来悼念已故亲人，故这类草庵仍属于赖以栖身的简陋住所。

敦煌壁画中还有一种较为简易的住所，就是古代北方游牧民族所居住的穹庐。这是比草庵大且覆以毡的圆穹顶形建筑，如唐代慧琳撰《一切经音义》卷82记载："案穹庐，戎蕃之人以毡为庐帐，其顶高圆，形如天象穹窿高大，故号穹庐。"①"敕勒川，阴山下，天似穹庐，笼盖四野。天苍苍，野茫茫，风吹草低见牛羊。"这首北朝民歌雄浑阔大，也透露了古代北方游牧民族的穹庐生活。

图7-2　榆林窟五代第19窟前室甬道北壁　目连变相　结庐守墓

　　敦煌壁画中的穹庐图像，主要出现在唐至五代时期的《弥勒经变》婚娶图中。
如盛唐第 116 窟北壁（图 8）、第 148 窟南壁（图 9）、中唐第 186 窟窟顶北披、晚
唐第 360 窟南壁的婚礼图中所描绘的穹庐，都是圆形穹顶，白色，开一门，通过门

图 8　盛唐第 116 窟北壁　弥勒经变　婚礼图

图 9 盛唐第 148 窟南壁 婚礼图

图 10 晚唐第 360 窟南壁 弥勒经变 婚礼图

可以看见穹庐内壁有枝木交叉的菱形骨架（图 10）。不过，这种为举办婚礼而设置
的穹庐，与早期由于生活环境而居住的穹庐，其性质已经完全不一样了，不过我们
可以从中窥知早期北方游牧民族的居住情况。

北方游牧民族很早就居住穹庐，桓宽《盐铁论》卷7云："匈奴处沙漠之中，生不食之地……无坛宇之居，男女之别，以广野为闾里，以穹庐为家室。"①《汉书》卷94云："匈奴父子同穹庐卧。"颜师古注："穹庐，旃帐也。其形穹隆，故曰穹庐。"②《周书·异域传下·吐谷浑》："虽有城郭，而不居之，恒处穹庐，随水草畜牧。"③可见其与生存环境之关系。《盐铁论》卷9又云："匈奴……织柳为室，旃席为盖。"④其"织柳"当系穹庐之壁以红柳木条交叉织成骨架，正与壁画所绘相吻合。

穹庐与草庵的不同之处主要有大小之区别，也有豪华简陋、尊卑贵贱之区别。如唐代慧琳撰《一切经音义》卷82记载："穹庐……王及首领所居之者可容百人，诸余庶品即全家共处一庐，行即马囊驮负去，毡帐也。"⑤草庵则大多非常小，一般只能容一人之身，同时非常简陋。

清洁卫生安全的水井

供水系统是现代城市和家庭住宅的重要配套设施之一，而对于古代人来说，水源也是其居住地的必要条件。因此，除了就近依靠河流、溪水等自然资源以外，挖掘水井便也是古代人获取水源的重要途径。

水井在古时与人们的生活息息相关，先秦的《击壤歌》唱道："日出而作，日入而息。凿井而饮，耕田而食。"地处戈壁沙漠的敦煌也不例外，敦煌壁画中绘有不少当时的水井图像及相关情景。

莫高窟北周第296窟窟顶北披东段绘《福田经变》，依据佛经画了"立佛塔""植果园""施医药""修桥""造井"等场面。在"造井"画面中绘一方形的水井，突出地面的井台高约100厘

①（汉）桓宽著《盐铁论校注》，古典文学出版社，1958年，第262页。

②（汉）班固著，（唐）颜师古注《汉书》，中华书局，1962年，第3760、3761页。

③（唐）令狐德棻《周书》，中华书局，1971年，第912页。

④（汉）桓宽著《盐铁论校注》，古典文学出版社，1958年，第326页。

⑤《大正新修大藏经》第54册，第836页。

图 1　北周第 296 窟窟顶北披　福田经变（局部）

米，宽 35 至 40 厘米（以旁边站立人为参照，下同）。井台后方两侧绘二人，其右侧着浅驼色长袍之人双手高举拉绳，正在用桔槔提水；左侧着黑色长袍人则站立井边观看，其身旁右侧绘一骆驼卧地。井的左侧绘有一大水槽，三匹马在水槽中埋头饮水，水槽后面绘一人似在照顾马匹饮水。水槽左侧即三匹马的屁股后方，绘两人正在设法往一只骆驼嘴里喂水（图 1）。此画是根据西晋沙门法立、法矩共译的《佛说诸德福田经》"广施七法"之一的第六法"近道作井，渴乏得饮"而绘制，但它表现了在干旱地区长途跋涉的商队，正当人畜感渴之际，途遇水井，得以畅饮的情况。这是敦煌壁画中最早的水井图像。

莫高窟隋代第 419 窟窟顶东披所绘《须达拿本生》故事画中也绘有一水井，绘一妇女正在井边汲水，另有二人站在井的另一边。水井用白石砌井台，井台上边有较高的围栏，井栏虽不规则，但干净整洁。井台高约 25 厘米，井栏高 35 至 45 厘米，宽 35 至 60 厘米。井旁边有一高约 250 厘米的木杈，上架一长约 260 厘米的横杆，杆的尾部悬挂一石块。这幅图非常清楚地表现出是用桔槔提水（图 2）。

敦煌壁画中的水井图像，有一个值得注意的情况，就是在早期的壁画中除了绘有井台外，同时还绘有用桔槔提水的方式，但中晚期的壁画中只绘有井台，相对颇为简单，似乎是直接用手提水。例如莫高窟晚唐第9窟甬道顶，绘佛陀在涅槃前最后接受拘夷城长者纯陀供养时的情景。据《长阿含经》《大般泥洹经》等载，佛陀涅槃前的晚上自行乞食到纯陀家，纯陀取井水和食物招待佛陀晚膳，饭后佛陀为其说法，当天半夜佛陀入灭。画面中绘有一人（即纯陀）右手扶住井栏（井台），身体前倾，左手正伸进井里舀水。该水井为正方形，突出地面的井台高约100厘米，宽约90厘米（图3）。相同形式的井台也见于莫高窟宋代第76窟壁画，该窟东壁北侧绘《八塔变》，在"第七塔"画面中，依据《贤愚经》卷12《师质子摩头罗世质品》描绘了"猕猴献蜜的故事"，画面下方绘一猕猴作手舞足蹈状，其左侧绘一猕猴头朝下作落井之状（只露出屁股和两腿）。图中的水井也只有井台而无桔槔之类的提水设施，该水井为正方形，突出地面的井台高约50厘米，宽90至100厘米（图4）。值得注意的是，这两幅图中的井台是用木框制作而成，即上沿以及四角边都是

图2　隋代第419窟窟顶东披　须达拿本生（局部）

 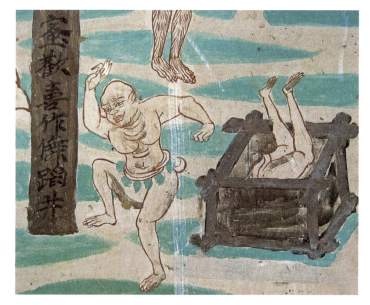

图 3　晚唐第 9 窟甬道　　　　　　图 4　宋代第 76 窟东壁北侧　八塔变　猕猴献蜜（局部）
　　　顶　纯陀汲水

木条，其间可能装嵌的是木板，这与早期井台用石块或砖砌完全不同。

　　虽然有无桔槔这种提水设施是早期与中晚期敦煌壁画之间的很大差异，但两者之间却有一个非常重要的共同特点，就是都有较高的井台。其井台最高有 100 厘米，最低也有 50 厘米（隋代第 419 窟《须达拿本生》故事画中所绘的井台虽然只有 25 厘米，但加上 35 厘米的井栏，则高有 60 厘米）。敦煌壁画中所绘水井的井台之所以很高，大概有三个作用。一、保持井水清洁卫生。从环境保护学和卫生学的角度来说，从挖掘井到修筑井台，无疑是一个飞跃。有了较高的井台，就能防止污水流到水井中；西北地区风大，敦煌位于丝绸之路的交通要道，交通道旁的水井人畜共用，如果井台太低，牲畜粪便有可能吹落进去。二、防止水井被填塞。由于风沙大，如果井台太低，沙尘乃至一些小石块容易被吹到井中，导致水井很快被填塞。三、相对较为安全，尽可能防止儿童戏耍时掉到井中。显然，古代敦煌地区所挖掘修筑的水井具有因地制宜的合理因素。

　　同时，古代敦煌人民也非常注重井水的质量，还可以从 1000 多年前的敦煌文献中看到。如 P.3870《敦煌廿咏·凿壁井咏》："尝闻凿壁井，兹水最为灵。色带三春绿，芳传一味清。"又如距离莫高窟东 10 多公里处有一口观音井，据民国六年（1917 年）重修碑记云："城东 40 里有千佛洞……东又 30 里有观音古庙……庙前石井，水澄味甘，是菩萨修身养性之处……故名观音井也。"现在也经常有人到观音井去取水喝，并带上一二瓶回家。笔者也曾去取过一瓶带回莫高窟，口感确实很好。现在敦煌的人们在谈话中也常使用"苦水"与"甜水"的概念，另外敦煌现在还有"苦水井""甜水井"的地名。这是因为敦煌位于戈壁地区，大部分地方都是盐碱地，所以非常关注井水的质量。

卫生环保的厕所、浴池

是否考虑如何解决人们的大小便问题，不仅是衡量现代社会环保意识的一个重要检验标准，也是我们了解古代社会环保意识的一个重要方面。据西晋竺法护译《佛说弥勒下生经》云："彼时男女之类，意欲大小便时，地自然开，事讫之后，地便还合。"[1]由此可见佛教对此问题非常重视。已故敦煌学专家史苇湘先生在研究敦煌壁画《弥勒经变》时也注意到这个问题，他说："如《弥勒下生经》里说的'便利'（如厕）与'寿终'这两大无法避免的生活'弊病'，要画入壁画，艺术想象力是不能回避的，特别是拉屎撒尿，是一个使匠师们犯难的题目，在如此'庄严''神圣'的大经变里描画人们如何如厕，终不是'雅事'，但古代艺术家们却并不为此感到棘手，榆林窟第 38 窟《弥勒下生经变》里在婚娶图旁边，画着一位青年母亲抱着一个婴儿撒尿。另一幅同题壁画上画了几个小孩在旷野里挺着胖肚子撒尿，大地裂缝承受。"[2]（图

①《大正新修大藏经》第 14 册，第 421 页。
②史苇湘《论敦煌佛教艺术的想象力》，《敦煌研究》1986 年第 4 期，第 18 页。

图 1　榆林窟宋代第 38 窟西壁　婚礼图　　　　图 2　榆林窟宋代第 38 窟西壁　婚礼图中抱小孩撒尿

1、图 2）再如盛唐第 148 窟南壁中的婚礼图，在其外宽阔的场地上绘有一位母亲双脚蹲下抱着小儿施尿的画面，从画面上还能依稀辨出母亲胸前的小儿身着背带开裆裤，双手向两边伸开，把小儿调皮活泼可爱的样子呈现出来了（图 3、图 4）。从壁画和相关佛经内容我们可以得知两点：一是古代画工没有回避人们的大小便问题；二是渴望有一个干净卫生的生活环境，幻想用大地裂开再合拢的方法来处理粪便等污物，并且一劳永逸。应该说这很好地反映了古代敦煌人的环保意识，正如今日环保工作者所认识到的"公共厕所等公共设施产生种种恶臭"，"恶臭是典型的公害之一，目前已引起人们的重视。随着人们生活水平的不断提高，对优美舒适的环境要求也日益迫切，恶臭治理的任务必将越来

图 3　盛唐第 148 窟南壁　婚礼图

图 4　盛唐第 148 窟南壁　婚礼图中抱小孩施尿

①张殿印、陈康
《环境工程入门》，
冶金工业出版社，
1999年，第82页。

越重"①。在人们生活水平并不高的1000多年前，在人口稀少并且位于戈壁荒漠的敦煌地区，能够高度重视粪便等污物的处理问题，这种思想是难能可贵的。

特别值得注意的是，在莫高窟北周第290窟窟顶人字披的佛传故事画中，有一幅"蹲厕"的画面（图5）。图中厕所为一座四阿顶式的建筑，其厕所内蹲着一个正在拉大便的人。拉大便处是用木板锯出方洞，下面是粪坑。这种形式的厕所在当今敦煌农村及全国各地一些农村还都有存在（敦煌城里也还有，前些年莫高窟也有）。稍不同的是现在一些厕所内是将平板改为水泥板，

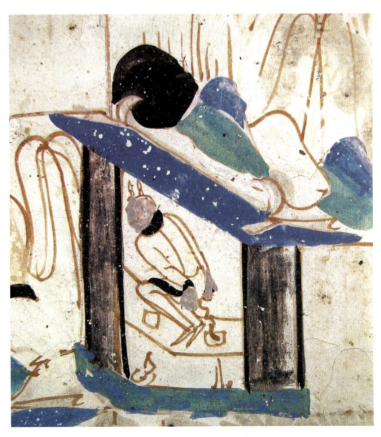

图5 北周第290窟 窟顶东披 佛传 蹲厕

图 6　隋代第 302 窟窟顶西披　福田经变　浴池

方洞变为长条状洞。这幅图虽然是依据佛经故事绘制，表现的是悉达太子降生后出现的三十二种祥瑞之一的"臭处更香"（即臭处变香）①，但它非常真实地描绘了近 1500 年前敦煌地区的厕所形象，同样也真实反映了当时人们的环保意识和相应的环保卫生设施。

家庭或公共的浴室、浴池既是一种卫生设施，也是衡量环保意识的一个标准。莫高窟隋代第 302 窟窟顶西披《福田经变》中依据有关经文所绘制的温室浴池，规模不大，池中有两人正在洗浴；浴池周围植有果树；重要的是，画面中还绘有通往室外的排水沟（图 6）。

佛教鼓励佛教徒修建浴池，据《佛说诸德福田经》载，"修福"有"七法"，为："一者，兴立佛图僧房堂阁；二者，园果浴池树木清凉；三者，常施医药疗救众病；四者，作牢坚船济度人

① （后 汉）竺大力、康孟祥译《修行本起经》,《大正新修大藏经》第 3 册，第 464 页。

民;五者,安设桥梁过度羸弱;六者,近道作井渴乏得饮;七者,造作圊厕施便利处。"①其中修建浴池的功德意义排列在第二位,与建果园、植树木的意义同样重要。另外,经文中指出修造厕所也具有重要的功德意义。在此我们应该进一步认识到,将建果园、植树木、修浴池、造厕所等行为赋予积功德的意义,无疑有利于大大促进广大佛教徒环保意识的提高。现代社会的环保行为,一般只与人们的现实利益联系在一起,而佛教有关积功德的宣传,重点在人们的未来利益。佛教的这种宣传,对于加强城镇化建设的今天或许会有所启示。

人生临终阶段的居住处

一般而言,现代老人的居住情况主要有这样几种:一、与子女同住(城市较少);二、两人或一人独居空巢,远离子女或没有子女(城市较多);三、两位或一位老人与子女同住一个城市或一个社区、一个村子中各自的住房;四、在养老院或敬老院居住;五、其他。老人临终时的居住情况也大致如此,只是可能增加了在医院以抢救、治病为由而居住。

古代老人的居住情况大部分是和子女同住一处,即所谓"四世同堂"之类。也有和子女分开居住的,但相对较少。临终时也大致如此,但也有一些特殊的临终居住处。如古代湖北等地有一种"寄死窑",又叫"寄死窟""老人洞""参洞"等,如官山乡西河村山坡上的一处"寄死窑","窑洞竟然开凿得方方正正,如此整齐和精细!窑洞高约80厘米,深约2米,底部和石壁都很平整,刚好躺一个人。石壁上有一个小洞,向导说是搁油灯用的。洞口石壁上有凹槽,据说原来装有木门或栅栏"②。"从郧县城关到青

①《大正新修大藏经》第 16 册, 第 777 页。
②刘守华《走进"寄死窑"》,《民俗研究》2003 年第 2 期, 第 125 页。

曲镇沿汉江两岸山岩上，'寄死窑'相对分布较多。一种形制是窑口上方成拱弧形，入洞后窑体横向开凿，宽高各1.5米左右，长约2米。人弯腰进去，可躺下坐起，不能直立。这类窑凿制比较粗陋、分散。一种是方形窑口，窑内空间宽、高约2米，长约3米，窑形呈筒子状，许多窑内石壁上凿有放灯的小龛及烟痕。……窑门外凿有浅显的波浪形、树叶形花纹图案。……关于'寄死窑'，当地民众说这是自古传下来的风俗，认为人老后不中用了，到了60岁就送进窑中，用土石把洞封死，只留一个小口送三天或七天饭，然后让老人食尽而死。"①

敦煌壁画中也有类似寄死窟的形象画面，如榆林窟中唐第25窟北壁《弥勒经变》中的"老人入墓图"的画面中，一须发皆白的老人坐在圆形墓茔中的土台上，安详地与亲人告别，一小孩匍匐在地向老人叩别，墓外的家眷、仆童或捧物侍立两侧，或以巾拭泪，或以袖掩面（图1）。其他"老人入墓图"中，也是老人在亲人的陪同下向坟墓走去，或搀扶着，或独立行走，或以手推车载送。老人身着袍服或披风，也有的怀抱经卷。亲人则头顶或怀抱食物及日用品，说明老人在墓中将独自生活，直至停止呼吸。老人的前方为坟墓及茔域，墓内可见有一土台或长榻，供老

①潘世东《汉水流域"寄死窑"大文化观系统阐释》，《郧阳师范高等专科学校学报》2004年第5期，第27页。

图1　榆林窟中唐第25窟北壁　弥勒经变　老人入墓

①《大正新修大藏经》第 14 册，第 423 页。
②《大正新修大藏经》第 14 册，第 426 页。

人坐卧之用。

"老人入墓"是《弥勒经变》中的一个情节，鸠摩罗什译《弥勒下生成佛经》曰："人命将终，自然行诣冢间而死。"①义净译《弥勒下生成佛经》亦云："人命将终尽，自往诣尸林。"②未死的老人在亲人的陪同下提前进入坟墓，其性质与寄死窟类似。

莫高窟北区发现的瘗窟有可能便是敦煌地区的一种寄死窟（图 2）。在北区的 25 个瘗窟中，只有 B90 窟中有棺木遗迹，其他 24 个窟中均无棺木。当然无棺木不等于就是坐化，不排除窟葬直接陈尸窟中的方式，不过也为坐化的可能性提供了一定的依据。又，由于长期的自然风化、洪水冲蚀及人为破坏等因素，一般来说瘗窟的甬道都有土坯或石块垒砌的封堵墙，但现在或荡然无存，或残破不堪，只有 B79 窟的封堵墙尚比较完整，其上部有一宽 10 厘米，高 12 厘米的竖长方形孔道与后室相通，有考古专家认为

图 2　北区 B42　瘗窟

"该孔道与西藏流行的一般僧人坐化式葬封门上的孔道相类似，据
此推测窟内的被瘗埋者有可能属于'坐化式葬'。"封门留孔道说
明窟中之人尚活着，孔道可流通空气，又可供对坐化者的窥视，
观察其变化。所以需要封门，是出于对坐化者的保护，一方面保
证其绝对安静、与世隔绝，另一方面可避免狼及各种野兽的侵害。

　　墓中坐化之俗一直延续到近代，如乾隆年间榆林窟的住持吴根
栋就坐化在一个小龛内，门徒在外立石封闭，就成为瘗窟，直到 20
世纪 70 年代才被挖开。另外东千佛洞西岸山坡有墓穴，一僧人坐化
其中，外封土，偶然被人踏开，真身犹存。

　　湖北武当山一带的寄死窑、敦煌壁画中老人自行进入的坟墓、
莫高窟北区的瘗窟，以及现代的养老院、敬老院和临终医院，乃
至一些空巢老人的住宅，等等，都是人生最后阶段的一种居住处。
关注人生，关注老人，就必须关注老人的居住环境以及相关的伦
理道德和社会问题。

建屋造房施工忙

　　敦煌壁画中保存有不少当时修建房屋的施工场景，是非常珍
贵的古代建筑图像资料。

　　如北周第 296 窟窟顶北披《福田经变》中，依据《佛说诸德
福田经》描绘了"广施七法"之一的"兴立佛图僧房堂阁"①正在
施工造塔建房的情景。画面为上下两个部分，上部绘六个赤裸上
身穿短裤赤足的泥工正在修建一座佛塔：已经在台基上筑起了一
层塔身，两名工人进而在上面正开始筑第二层，其余四人在下面，
其中有两人正在往上运砖，中间有一人似在已砌好的基座上勾缝，
另外有一人似在拌泥灰。画面下半部分绘正在修建的一座房屋，

①《大正新修大藏
经》第 16 册，第
777 页。

庑殿起脊的屋顶上坐着一个赤裸上身穿短裤的泥工，正用手接房下另一穿短裤工匠用长杆递送上来的泥料；房子两侧各有一个身着裤褶的工匠则正一手端盛泥料的碗，另一手持刷涂抹墙体（图1）。

隋代第302窟窟顶西披《福田经变》中，在描绘了"兴立佛图僧房堂阁"的

图1　北周第296窟窟顶北披　福田经变　建造房屋

图 2　隋代第 302 窟窟顶西披　福田经变　建房、伐木

修建施工场面，还增加了"伐木"备料等过程。画面中三个赤裸上身穿短裤的伐木工人，正在为营建寺塔备料。其中一人正挥舞斧头砍树，另外两人肩扛木材的工人正在搬运途中。另外有数人在佛塔上下正忙于施工，塔檐上有一人正在修塔檐，另一人正在用辘轳吊运材料。塔下一人正在抹墙，另一人手执矩尺似在指挥工作（图 2）。虽然这是表现建造佛塔的过程，但由此也可了解当时房屋的建造情况。

又，初唐第 321 窟南壁《宝雨经变》中有一处正在施工即将建成的房屋。这座房屋为三开间，硬山屋顶，檐柱不施斗拱；双扇大门不在中间，而在右侧；门扇上有铺首。屋顶上面有两人一蹲一站，正在墁抹房泥；廊下一人正手持墁刀往墙上抹灰，其身后有一人手中捧物似在递送材料。几个工匠都是赤裸上身，是当时辛苦劳动情景的真实写照（图 3）。

又，盛唐第 445 窟北壁《弥勒经变》中有一幅拆楼图，从中可以看到房屋内部的基本结构。

图 3　初唐第 321 窟南壁　宝雨经变　修建房屋

楼为两层，上下均为三开间，上层开间收小。两层之间有腰檐。上层屋顶的瓦与椽子都已经被拆除，歇山房架的结构暴露在外，四角有角梁，前端有子角梁。平梁上安排三角形驼峰，作用与叉手相同。驼峰上有斗，上承脊檩。画家将建筑结构交代得清楚而准确，是十分难得的图像资料（图4）。

榆林窟中唐第25窟北壁《弥勒经变》中也有一幅拆楼图，有几个婆罗门正在拆除一座两层楼阁。楼阁的下层尚完整，上层的屋顶已经拆掉，仅剩下柱子和部分梁枋。其中一梁枋上有大叉手一组，形成三角形的梁架。从力学角度看，这是一种稳定的建筑结构形式。楼内有楼梯，一人正从楼梯口上至第二层。在敦煌壁画中能看到室内楼梯的建筑不多见（图5）。

图4 盛唐第445窟北壁 弥勒经变 拆楼

图5 榆林窟中唐第25窟北壁 弥勒经变 拆楼

又，宋代第454窟西壁《佛传》中有一幅修建佛寺的画面。一处砌有方形台基的地面上，已立好房屋的柱网下有地栿，上有梁栿；梁上有大叉手。两个工匠骑在梁上，正在安装叉手。地面的台基内外有三人在向上传递物件，另有一穿袍服者在观看。屋外有一人在搬运木构件，另外有两人正在加工构件。整个画面看上去虽然简洁，但生动形象地描绘了当时建房施工的场面（图6）。

五代第98窟北壁第6幅屏

图 6　宋代第 454 窟西壁　佛传　建房

风画中也有一幅建造佛塔的施工画面。一座已经建成的二层佛塔，有六个工匠正在施工，上层有四人，下层有两人。上层有两人正在顶部抹泥，另外两人分别从两边把下层两人用桶装的泥料用绳往上吊，下面两人用手托着盛泥料的桶。

通过画家的形象描绘，使我们有可能在千百年后的今天，仍能看到历代能工巧匠劳动的情形以及了解当时的建筑工艺。

各类家具应有尽有

在人们的住房之中，家具是其附属的必需品。我国古代家具主要有席、床、桌、椅、凳、柜等。

①（宋）薛居正
《旧五代史》，中华
书局，1976年，第
1740页。

　　席是最古老、最原始的家具，最早由树叶编织而成，后来大都由芦苇、竹篾编成。古人常"席地而坐"，唐至五代时期仍应用广泛，如《旧五代史·李茂贞传》记载："但御军整众，都无纪律，当食造庖厨，往往席地而坐。"①又如莫高窟盛唐第217窟北壁《十六观》中绘韦提希夫人跪坐在席子上观想（图1）。宋代第454窟东壁《维摩诘经变》中绘两位弈棋者和一位观棋者都坐在席子上（图2）。

图1　盛唐第217窟北壁　韦提希夫人

图2　宋代第454窟东壁　维摩诘经变·弈棋

随着人们生活的需要，出现了床。最初，古人读书、写字、饮食、睡觉几乎都在床上进行。还有一种矮榻常与床并用，故有"床榻"之称。汉代刘熙《释名》中云："人所坐卧曰床。床，装也，所以自装载也。长狭而卑曰榻，言其体榻然近地也。"[1]敦煌壁画中有很多床的图像，式样也有多种。如隋代第303窟窟顶东、西披《观音普门品》中梵王所坐的床为方形、四腿，床沿正面有装饰（图3）；比丘、比丘尼所坐之床为方形、

图3 隋代第303窟窟顶东披 观音普门品 现梵王身

四腿，床面一周有围栏，四角有角柱（图4）；优婆夷所坐之床最为简单，仅为方形、四腿（图5）。这些床的面积都较小，只容坐

图4 隋代第303窟窟顶西披 观音普门品 现比丘身、现比丘尼身

① （汉）刘熙《释名》，王云五主编《丛书集成初编》，中华书局，1985年，第93页。

图5　隋代第303窟窟顶西披　观音普门品　现优婆夷身

而不能卧，不知是否表示它只是坐具而非卧具，还是画家未完全写实？较为写实的床图像也有，如盛唐第217窟南壁《法华经变》"得医图"中，两位贵妇所坐之床的长度与宽度都与现代的大床差不多，只是高度较矮，参照人体比例大约35厘米；另外该床的正面有镂空的装饰性壸门，足下加托泥，床面上绘有拦水线；床上铺有茵褥（图6）。晚唐第85窟窟顶南披《法华经变》"淫舍图"中，一对男女所坐之床长宽比例也都适当，高度也较矮，照人体比例大约30厘米；正面刻有四壸门，足下加托泥（图7）。另外五代第61窟南壁《楞伽经变》一病人所躺卧之床长宽比例也都适当，高

图6　盛唐第217窟南壁　法华经变　得医图（欧阳琳临）

图7　晚唐第85窟窟顶南披　法华经变　淫舍

图8　五代第61窟南壁　楞伽经变　卧床病人

图 9　五代第 61 窟南壁　楞伽经变　病坊

度也较矮,床侧有壸门,足下加托泥(图 8)。该经变中的"病坊图"中还绘有一特长的矮床,床上坐躺着两患者和两亲属以及一侍者,竟多达五人。结合病坊实际情况分析,此床的形状也属于写实(图 9)。值得注意的是,这些矮床相对都较宽,而有的高床却相对较为狭窄,如北魏第 257 窟南壁《弊狗因缘》一僧人所躺之床(图 10),所以很难按照刘熙《释名》而区别床与榻。

桌,最初谓案,大概在五代时期才有桌子的名称。敦煌壁画中描绘的桌案图像的式样也有很

图 10　北魏第 257 窟南壁　弊狗因缘

多，如在《弥勒经变》"婚娶图"设宴
的场面里都有长桌和长凳，长桌四侧大
多还装饰有壶门、足下加托泥（图11、
图12）。又如榆林窟中唐第25窟北壁
《弥勒经变》"一种七收"画面右上侧绘
一僧人结跏趺坐于席上，面前放一长方
形低足矮案，案上置方盘二，圆形盂
一；案前跪坐二人（图13）。又，晚唐
第85窟窟顶东披《楞伽经变》"肉肆
图"中绘有三张方桌，均为四腿。屠夫
正在一方桌上割肉剔骨，另一方桌上放
着一只已屠宰的整羊；这两张桌子高度
与屠夫腰齐，桌面色彩一蓝一黄。房内
的方桌较低一些，桌面由三块板组成，
四腿中部有横木条相接，似放有一层隔
板以便置放东西（图14）。真可谓多种
多样。

　椅、凳。敦煌壁画中椅子和凳子
的图像也有很多，如五代第61窟东壁
《维摩诘经变》"方便品"中屋内数人
分别坐在一长方形桌子两侧的四足长凳
上，屋外则有一僧人结跏趺坐在有扶手
的靠背椅上，正在观看表演（图15）。
又，西魏第285窟窟顶北披绘一禅僧也
结跏趺坐在有扶手的靠背椅上，椅子的

图11　榆林窟中唐第25窟北壁　弥勒经变　婚礼图

图12　晚唐第12窟　婚礼图

图13　榆林窟中唐第25窟北壁　弥勒经变（局部）

图 14　晚唐第 85 窟窟顶东披　楞伽经变　肉肆图

图 15　五代第 61 窟东壁　维摩诘经变　方便品

图 16　西魏第 285 窟窟顶北披　禅僧

坐部绘斜线网纹，可能表示是编织物，或许这便是佛经中所说的
"绳床"（图 16）。如《中阿含经》卷 43 记载："尊者卢夷强耆……
在露地禅室荫中，于绳床上敷尼师檀，结跏趺坐。"①又，晚唐第
196 窟西壁《劳度叉斗圣变》中有两位僧人分别垂足坐在有扶手的
靠背椅上，这两把椅子的造型相对比较简洁（图 17）。又，元代第
95 窟南壁绘一长眉罗汉垂足坐的椅子，坐面左右较宽、前后较浅，

①《大正新修大
藏经》第 1 册，第
698 页。

图 17　晚唐第 196 窟西壁　劳度叉斗圣变（局部）

图 18　元代第 95 窟南壁　罗汉

图 19　北魏第 257 窟南壁　沙弥守戒自杀缘品

扶手和靠背用竹子制作，造型颇为别致（图 18）。凳子的图像也还有很多，除了上面所说的长凳外，还有方凳、圆凳等。如北魏第 257 窟南壁《沙弥守戒自杀缘品》中高僧所坐的四腿高方凳（图 19）。又，五代第 61 窟南壁《弥勒经变》耕种收获图中，一农妇双手端着簸箕正站在一长方形四腿矮凳上扬场（图 20）。又，五代第 146 窟南壁《药师经变》中，有一为灯轮添油者也正站在一方形四腿矮凳上（图 21）。又，第

图 20　五代第 61 窟南壁　弥勒经变　扬场

454 窟佛坛上清代绘屏风画《弈棋图》中，一弈棋老者坐的则是带圆圈底的兽足高圆凳（图 22）。

　　胡床，即今天所说的马扎，是一种形状较为特殊的坐具。它的做法是前后两

图 21　五代第 146 窟南壁　药师经变（局部）

图 22　莫高窟第 454 窟佛坛上清代绘屏风画　弈棋

图 23　北魏第 257 窟西壁　须摩提女缘品　胡床

腿交叉，交接点做轴，以利翻转折叠，上横梁穿绳以容坐。胡床
为北方少数民族所创，而古代多称北方少数民族为胡人，因名
"胡床"。如宋·高承《事物纪原》记载："《搜神记》曰：'胡床，
戎翟之器也。'《风俗通》曰：'汉灵帝好胡服，景师作胡床，此
盖其始也，今交椅是也。'"①敦煌壁画中也绘有胡床的图像，如
北魏第 257 窟西壁《须摩提女缘品》中绘两个梵志垂足并坐在一
胡床上（图 23）。

　　敦煌壁画中描绘的家具图像还有箱、柜、衣架等，因篇幅所
限，这里就不再介绍了。

① （宋）高承《事
物纪原》（三），王
云五主编《丛书集
成初编》，中华书
局，1985 年，第 285
页。

第四章

出　行

欲渡黄河冰塞川，将登太行雪满山。闲来垂钓碧溪上，忽复乘舟梦日边。行路难！行路难！多歧路，今安在？长风破浪会有时，直挂云帆济沧海。

——李白《行路难》

佛教理想世界中的出行方式

古代的人们一直梦想在天空中遨游飞翔，而佛教理想世界主要在天界，因此其出行方式也主要是在天空中飞行。为此有佛经专门论及天人的行，如《法苑珠林》卷3云："一切诸天有十别法。何等为十：一、诸天行时来去无边；二、诸天行时来去无碍；三、诸天行时无有迟疾；四、诸天行时足无踪迹；五、诸天身力无患疲劳；六、诸天之身有形无影……及有神力，腾虚飞游眼视无瞬。"又谈及天人使用的交通工具："欲界六天有仆乘。仆谓仆从。乘谓骑乘。……乘者以六欲天皆有杂类畜生，诸天欲游随意乘之。或乘象马，或乘孔雀，或乘诸龙。……忉利天已下具有象马凫雁鸳鸯孔雀龙等，自焰摩天已上悉无象马四足众生，唯有教放逸鸟实语鸟赤水鸟等。"[①]

从敦煌佛教壁画来看，古代人渴望的飞行方式主要有这样几种：

腾云驾雾。如敦煌遗书 P.2324《难陀出家缘起》中云："足蹑祥云气异香。……足下彩云曳五色。"P.3093《佛说观弥勒菩萨上生兜率天经讲经文》："仙女千群乘彩雾。"S.4571《维摩诘经讲经

① 《大正新修大藏经》第 53 册，第 290、292 页。

文》："人与非人等，……一时空里降，齐总下云来。"敦煌壁画《法华经变》中的赴会者（图1），《弥勒经变》中前往兜率天宫供养的忉利天主、他化自在天主、乐变化天主，《阿弥陀经变》中乘云的佛、菩萨（图2），《维摩诘经变》中取香饭的化

图1　五代第61窟南壁　法华经变　乘云的赴会者

图2　初唐第321窟北壁　阿弥陀经变　乘云的佛、菩萨

菩萨（图 3），以及第 61 窟甬道南壁元代绘炽盛光佛壁画中的乘云天人等（图 4），皆是乘云驾雾而行。

　　借助功能似羽翼的长巾飘带。P.2122《佛说阿弥陀经讲经文》描写道："化生童子见飞仙，花落空中左右旋。"敦煌壁画中的飞天，大多描绘在窟顶华盖四周，她们置身于翻滚的云彩中，身披长巾在天空中自由轻盈地飞翔。敦煌飞天形象源于我国古代的飞仙（羽人），王充《论衡·人雷虚篇》云："飞者皆有翼，物无翼而飞，谓仙人。画仙人之形，为之作翼。"[①]晋人葛洪《神仙传·彭祖传》中也说："仙人者，或竦身入云，无翅而飞；或驾龙乘云，上造天阶；或化为鸟兽，游浮青云。"[②]神仙家葛洪《抱朴子》内篇卷 4 又道："仙童仙女来侍，飞行轻举，不用羽翼。"[③]那么，不用羽翼靠什么飞行呢？靠形状近似于羽翼的长巾飘带，

图 3　中唐第 159 窟东壁　维摩诘经变　乘云的化菩萨

图 4　第 61 窟甬道南壁 元代绘　炽盛光佛　乘云天人

①（东汉）王充《论衡》，上海人民出版社，1974 年，第 101 页。

②（晋）葛洪《神仙传》，王云五主编《丛书集成初编》，中华书局，1991 年，第 6 页。

③（晋）葛洪著，顾久译注《抱朴子内篇全译》，贵州人民出版社，1995 年，第 97 页。

①（晋）王嘉《拾遗记》，中华书局，1981年，第60页。
②（晋）王嘉《拾遗记》，中华书局，1981年，第65页。

敦煌壁画中的飞天图像就这样非常清楚地告诉了我们。不过，有时为了说明背景确实是在天空中，烘托她们飞行的气氛，因此往往又在这些飞天的下方增绘上一些云彩（图5）。

借助龙凤车辇。晋人王嘉《拾遗记》卷3记载周穆王："巡行天下，驭黄金碧玉之车，傍气乘风……王驭八龙之骏：一名绝地，足不践土；二名翻羽，行越飞禽；三名奔霄，夜行万里；四名越影，逐日而行；五名逾辉，毛色炳耀；六名超光，一形十影；七名腾雾，乘云而奔；八名挟翼，身有肉翅。"①又云："西王母乘翠凤之辇而来。"②敦煌莫高窟西魏第249窟、北周第294窟、296窟、隋代第305窟、401窟、麦积山北魏第127窟所绘东王公、西王母（帝释天、帝释天妃）均乘龙凤车辇在天空中巡行（图6）。借助龙凤车辇而飞行，实际上借助的是能飞行的龙凤。屈原曾在《离骚》中云："驷玉虬以乘鹥兮，溘埃风余上征。""驾八龙之婉婉兮，载云旗之委蛇。"又在《湘

图5 隋代第305窟顶西披 飞天

图6 西魏第249窟南披 乘坐凤车的西王母

图 7　初唐第 375 窟西壁北侧　乘象入胎　　　　　图 8　隋代第 278 窟西壁南侧　夜半逾城

君》中说："驾飞龙兮北征，遭吾道兮洞庭。"[1]

　　壁画中有不少乘马、乘象飞行的画面，如隋代第 278 窟、初唐第 329 窟、初唐第 375 窟等窟的"乘象入胎"和"夜半逾城"（图 7、图 8）。据《修行本起经》记载，说摩耶夫人"于梦中见乘白象者空中飞来"[2]。又云悉达多太子决心出家，夜半之时乘马逾城，于是"四神接举足，令脚不着地。……皆令入虚空……于是城门自然便开。出门飞去"。[3]不过，这里主要是有四天神托举马足，依靠的是天神之力飞越。

　　也有乘牛、乘孔雀、乘虎、乘狮、乘象，甚至乘山而行的仙人，如莫高窟北魏第 257 窟北壁的《须摩提女因缘》。画面中依次绘佛弟子般特乘骑青牛、罗云乘骑孔雀、迦匹那乘骑金翅鸟、优毗迦叶乘骑龙、须菩提乘骑玻璃宝山、大迦旃延乘骑白鹄、离越乘骑猛虎、阿那律乘骑猛狮、大迦叶乘骑白马、大目犍连乘骑六牙大白象在空中飞行，前往满富城（图 9、图 10）。

　　另外佛教所云五神通中的神足通，说是飞行自在，石壁无碍，

①朱东润主编《中国历代文学作品选》（上编）第 1 册，上海古籍出版社，1979 年，第 231、233、249 页。
②《大正新修大藏经》第 3 册，第 463 页。
③《大正新修大藏经》第 3 册，第 468 页。

图 9 北魏第 257 窟北壁 须摩提女缘品之一

图 10 北魏第 257 窟北壁 须摩提女缘品之二

似乎什么物体也不借助，只凭意念便能随意到某个地方。

地理指南《沙州都督府图经》

　　我国是世界上最早绘制地图的国家之一。据传说，黄帝之臣史皇，就曾作过地形物象之图。此后，又有大禹在九鼎之上作九州山川图像的说法。这些说法虽然不是十分可靠，但从中我们可以了解到我国地图制作的源远流长。所谓图经，即我国古典地图中一种独特的样式，它的特点是有图有经（说明文字），以图为主，以经说图，图与经相辅相成。后来，图经逐渐发展成以经为主，图的作用缩小。

　　中国现存最早的图经，是敦煌藏经洞发现的《沙州都督府图经》。这个图经是唐代沙州都督府的档案，是藏经洞出土的地志类文书中保存最完整、规模最宏大者。被伯希和、斯坦因劫走，现分别藏于法国和英国，编号依次是 S.2593、S.0788、

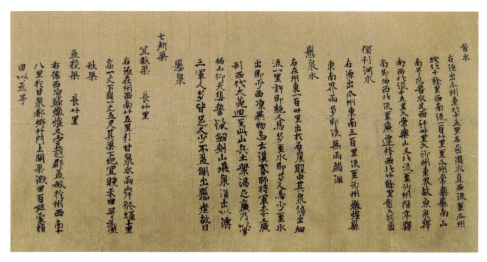

图 1　P.2005 沙州都督府图经（部分）

P.2005、P.2695、P.5034。这些卷子原是一本，后残损断裂，支离破碎。现图已不存，仅剩说明文字（图 1）。这本图经编纂于盛唐时期，共 667 行，除了记载行政机关和区城外，还屡述沙州所辖敦煌县、寿昌县的河流、渠道、泉泽、堰坝、道路、祥瑞、歌谣等。叙述详赡，文字典雅，许多记载不见于他书。所记诸多渠道堰坝对唐代灌溉制度的研究，驿路驿站对古代道路的研究，故城关塞对古代军事设施的研究，祥瑞怪异对古代气候变迁的研究等等均有重要价值。

尤其珍贵的是，在寿昌县的篇幅中，专列寿昌县所辖播仙镇（今新疆且末县）的地理状况，详载了由播仙镇东通沙州，西通新城，南通吐谷浑及吐蕃境，北通焉耆，东南通萨毗城等道路状况。特别提及途中有无水草，每处水草地的距离，路况的好坏，行走的难易，道路开闭的季节等。如："……城一百八十里，从屯城取碛路，由西关向沙州一千四百里，总有泉七所，更无水草。其镇去沙州

图 2　P.5034 沙州都督府图经（部分）

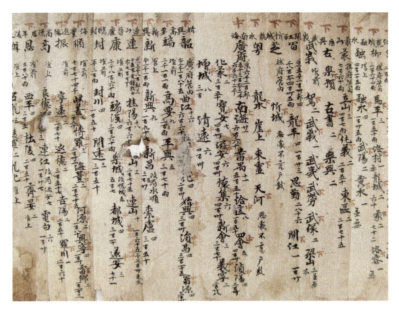

图 3 地志残卷 敦煌市博物馆藏

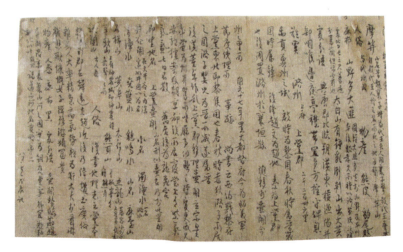

图 4 P.2511 诸道山河地名要略（部分）

一千五百八十里。一道南路，从镇东去沙州一千五百里，其道由古阳关向沙州，多缘险隘，泉有八所，皆有草，道险不得夜行，春秋二时雪涤，道闭不通。"这对于丝绸之路及沿途环境变迁的研究提供了珍贵的资料（图2）。

除此之外，藏经洞还出土了《西州图经》《沙州城土境》等地方性地志；《瓜沙两郡史事编年》《敦煌录》《敦煌水渠》等地杂文书；《贞元十道录》、《地志残卷》（图3）、《诸道山河地名要略》（图4）等全国性地志；《西天路竟》《大唐西域记》《慧超往五天竺国传》《五台山志残卷》等行记。这些图经地志资料，是我们迄今看到的最早的图经原版，比以前流传下来的北宋末年的图经早了整整4个世纪。

这些图经地志，为当时的人们出行远游提供了极大的方便。

形象地图《五台山图》

敦煌石窟中，不仅保存有《沙州都督府图经》之类的图经地志等文献资料，在莫高窟壁画中，还有许多反映山川、河流等地理风貌的图画，并且还有形象的地理地形图。其中最著名的就是莫高窟五代第61窟西壁的《五台山图》，它是莫高窟壁画中现存最大的一幅壁画，也是我国现存最早最大的形象地图。

图1　五代第61窟西壁　五台山图（局部）

这幅壁画高 3.42 米，长 13.40 米，总面积约 45 平方米，规模宏大，气势雄伟。该图大致可分为两大部分，上部从北往南，北、东、中、西、南五台并峙，各台有一山峰环抱，空中祥云环绕，神迹现化。峰前山间，遍布塔寺庐庵。下部是北起镇州（今河北正定），南至太原，中经五台县，朝拜中台文殊大殿的两条大道（图 1、图 2）。

图中山峦起伏，五台并峙，川流蜿蜒，道路纵横，城池村镇星罗棋布。其中还穿插了各种佛教感应故事、圣迹、瑞像、仙人赴会、高僧说法、信徒及商贾行旅等人物活动，各色人物栩栩如生。此外图中所描绘的驮运、铡草、推磨、舂米、饮畜、担挑行路和迎来送往的人物等，真实地反映了当时社会生产活动和人民生活的图景（图 3）。

据专家考证，此幅巨型《五台山图》是依据唐代五台山真实地理位置和现实

图 2　五代第 61 窟西壁　五台山图（局部）

生活所绘制，并非虚构。图中题名的大小寺院、佛塔70余处，如"大法华之寺""大佛光之寺""大福圣之寺""大建安之寺""大清凉之寺""大王子之寺""大圣文殊真身殿""万菩萨楼""阿育王瑞像塔"等（图4），在史料中都有详细记载。有的佛寺佛塔，至今尚存，如唐代大中十一年（857年）建造的佛光寺大殿，以及建于唐建中三年（782年）的南禅寺大殿。

图中计有城池、寺院、佛塔、亭阁、楼台、草庐、店铺等各种建筑199处，桥梁13座；佛与菩萨画像20身、僧俗人物428身；乘骑驼马48匹，运驼13匹；榜题清晰可辨的112方。

图3　五代第61窟西壁　五台山图（局部）

图4　五代第61窟西壁　五台山图（局部）

五台山古名清凉山，在今山西省五台和繁峙两县境内，传说是文殊师利久居的胜山、说法的道场，是中国佛教四大名山之一。从《五台山图》上的寺塔伽蓝、灵异现象，结合《古清凉传》《广清凉传》和敦煌藏经洞所藏的《五台山行纪》看，《五台山图》是我国最完备的佛教地志和圣迹地图，同时还是一幅五台山地区的历史地图。该图在绘画技巧上采用了散点透视、全景式构图、重彩敷染的手法，是艺术水平十分高超的山水图，是研究古代绘画、建筑和历史地理的宝贵资料，对我们研究我国9—10世纪佛教情况和社会历史，具有极高的学术价值和艺术价值。

丝路商旅多艰险

敦煌是丝绸之路的必经之道,敦煌的繁荣与西域的建设和中西交通的发展有直接关系。隋代时,隋炀帝不仅先后派人出使西域,求取佛经并带回舞女,而且在大业五年(609年),亲率大队人马,巡游河西走廊。据《隋书》记载,炀帝"西巡河右,西域诸胡,佩金玉,被锦罽,焚香奏乐,迎候道左。帝乃令张掖、武威士女,盛饰纵观,衣服车马不鲜者,州县课督以诱示之"。据载当时有"二十七国邦长"前来张掖"朝觐"。这一空前盛举,确实为丝绸之路的繁荣,起了推波助澜的作用。

如北周第296窟窟顶北披《福田经变》的一个画面中,画两个身穿裤褶、头着

图 1　北周第 296 窟窟顶北披　福田经变　丝路商旅

帕首的北周商人,并骑,押着满载商品的驮队正在过桥;桥的另一面迎来一个高鼻深目的西方商人,领着商队在桥头相遇,十分生动地反映了6世纪时丝绸之路上东西交往的风貌。在其上方的另一个画面中,则在道路旁绘一辆卸辕的骆驼车,人畜在水井边休息,水井的侧面有人正在灌饮骡马、喂骆驼,形象描绘了干旱的西北古道上旷路遇井的情景(图1)。

莫高窟隋代第420窟窟顶东披《法华经变》中,更是真实描绘了当时丝路商旅

途中的艰难险境。

　　壁画根据《法华经·观世音菩萨普门品》，绘制了观世音菩萨救诸苦难和三十二
现身说法，其中有段经文内容为："若三千大千国土，满中怨贼。有一商主，将诸商
人，赍持重宝，经过险路。其中一人作是唱言：'诸善男子，勿得恐怖，汝等应当一
心，称观世音菩萨名号，是菩萨能以无畏施于众生。汝等若称名者，于此怨贼，当
得解脱。'众商人闻，俱发声言：'南无观世音菩萨。'称其名故，即得解脱。"

　　画面生动地再现了经文的内容，从右往左，描绘了大商主出发前先往寺院祈
祷祝愿。商主头戴毡帽，身穿圆领窄袖袍，骑着骏马，随行商贾们赶着满载货物的
骆驼、毛驴上路。部分驼队正登上险峰，一只骆驼失蹄翻滚下山崖，崖下是一片湖
泽，泽中有盛开的莲花、水鸟。一群商贾一边吆喝，一边小心翼翼地拖住正在下山
的毛驴的尾巴。前面的商贾们卸下货物正在山坡上休息，马群在涧边饮食水草。另
一群商贾正和一群全副盔甲的盗贼搏斗。脱离劫难后的商贾们正在庆幸并感念观世
音菩萨（图2）。

图 2　隋代第 420 窟东披　法华经变　丝路商旅

图 3 盛唐第 45 窟南壁 观音普门品 胡商遇盗

惊心动魄的场面令观众有身临其境之感，这显然源于作者对现实生活的感受。敦煌是丝绸之路上往来商旅必经之地，作者有条件按照自己所熟悉的人物、牲畜以及见闻，创造出商队长途跋涉、翻山越岭的惊险动人场面。正如玄奘《大唐西域记》中所描述的："溪谷杳冥，峰岩危险，猛兽暴害，群盗凶残"，"商侣往来，苦斯艰险，……橐驼数千，赍货逐利，遭风遇雪，人畜俱丧"。

盛唐第 45 窟南壁根据该经文绘制的《胡商遇盗图》描绘了另一番景象：一群高鼻深目、卷须浓髯、头戴毡帽、身着贯头衫之西域商人，牵着驮载丝绸的毛驴，行进在山谷之中。突然，从悬崖深壑中走出三个持刀强盗，拦劫货物，商人们双手合十念诵"南无观世音菩萨"，无奈之际只能祈求神佛保佑。而周围山树花草，则颇为宜人，更反衬了商人们的不幸遭遇（图 3）。

李白曾感叹蜀道之难，难于上青天；而丝路古道之难，较之更是难！难！难！

悬崖凌空凿壁架栈道

敦煌地处大漠戈壁，其道路虽然十分艰辛，却比较平坦。然而在敦煌石窟9—10世纪的《法华经变》壁画中，看到其中"观音普门品"中有许多栈道和行人的画面。它们表现观音菩萨救"或在须弥峰，为人所推堕"或"或被恶人逐，堕落金刚山"之难的内容。画面上的栈道都悬空于峭壁上，有行人、牲畜担驮通过，十分险峻和逼真（图1、图2）。

离敦煌最近的古代栈道为入蜀之道，即从今天的陕西（秦）至四川（蜀）的道路：自关中越秦岭至汉中有斜谷与骆谷两道，而自汉中至四川有文川谷路，均因架设栈道而通。古代栈道有多种形式，最典型者为梁桥式栈道，将一根根横木排列，一端插于悬崖峭壁上的壁孔内，一端悬空伸出，然后于横木上搁置木板连接构成。

图1 五代第98窟南壁 法华经变 栈道　　　　图2 晚唐第12窟南壁 法华经变 栈道

图 3 晚唐第 156 窟窟顶南披 法华经变 栈道

条件好一些的栈道又在伸出的一方设栏杆，敦煌壁画中的栈道就属于这种类型。敦煌文献中保存有一批来自蜀地的写本和印本，其时间大概在公元 9—10 世纪之间，当年就是通过这条蜀道经长安而到达敦煌的。据此推断，敦煌壁画中所描绘的栈道极有可能就是当年的秦蜀之道。

据史籍记载，蜀地与中原的交通早在春秋时代就已经开通。战国时期，在人迹罕至的秦岭凿岩插梁，凌空架设了千里栈道，解决了秦蜀两国的交通问题，即所谓"秦栈道千里通于蜀汉"。秦汉以后，两地交往更加紧密，栈道被不断地修复和改建。汉代开发河西以来，以汉都长安为中心的交通网已将蜀地与河西连在一起。南北朝时期，又有河湟地区与蜀地来往的记录。唐朝时，玄宗和僖宗都曾入蜀避难。

秦蜀（或曰蜀汉）之道的艰难险阻，许多诗人墨客都有过描述和记载。如欧阳詹《栈道铭》云："秦之坤，蜀之艮，连高夹深，九州之险也。阴溪穷谷，万仞直下。奔崖峭壁，千里无土。……猿垂绝冥，鸟傍危岭，凿积石以全力，梁半空于木栅。斜根玉垒，旁缀青泥，截断岸以虹矫……总庸蜀之通途，统岐雍之康庄。①李白《蜀道难》所云"蜀道之难难于上青天"更是千百年来脍炙人口。

刘禹锡也曾记录过 839 年修筑秦蜀新路时的状况，云："层崖

① （清）董诰等编《全唐文》卷 598，中华书局，1983 年。

峭绝，构木互铁。"849 年，唐宣宗因蜀汉道"劳人御马，常困艰险"，而奖励山南西道节度使和凤翔节度使新修文川谷路和斜谷道，并在斜谷道遭洪水冲毁后又敕令重修："差军将所由领官健人夫并力修造道路桥阁等"，"通过商旅骡马担驮往来"，保证"其商旅及密行者，任驭稳便往来。"886 年，唐僖宗又一次过斜谷道，亲睹因沿途道路崎岖，死伤者众。到 930 年前后，骆谷道依然"险阻尤甚"。蜀道之难，成为长期困扰人们出入四川的话题；但出入四川、往来于汉蜀之道的商旅却从无间断，以至于远处西北边陲的敦煌也与四川交往。

敦煌壁画中的栈道，最早见于 865 年建成的晚唐第 156 窟，时为敦煌张氏归义军政权初期。如绘有《张议潮统军出行图》的第 156 窟窟顶南披《法华经变》中也绘有栈道（图 3），这与敦煌文献中记载敦煌同蜀地交往的时间是一致的。但陈寅恪先生明确指出"蜀汉之地当（南朝）梁时为西域胡人通商及居留之区域"，想必有所据。西域胡人到蜀汉通商及居留，都应通过敦煌，则敦煌与蜀地的交通道路，最迟于南朝梁时就开通了，比敦煌文献的记载早 300 多年。

图 4　晚唐第 14 窟南壁　十一面观音神咒经变　栈道

值得注意的是，只有部分壁画中栈道上的行人正在做互相推搡的动作，这是表现经文"或在须弥峰，为人所推堕""或被恶人逐，堕落金刚山"的内容，如晚唐第156窟、第14窟中所绘（图4）。但在许多画面里，栈道上的行人都背负着沉重的货物（图5、图6、图7），同时多是与牲畜运输队伍连在一起的。这些画面已经脱离了佛经的原意，而表现了古代西北地区与川蜀交通道路及运输的一些情景。

河水阻隔有桥梁

敦煌壁画中的桥主要有平桥、虹桥两种。

平桥一般建于乡村山野的小溪小河之上，如榆林窟中唐第25窟北壁《弥勒经变》中，在一山崖禅窟和一草庐前有一条弯弯曲曲的小河，河面上有一座用自然树

图5　晚唐第85窟窟顶南披　法华经变　栈道

图6　宋代第6窟南壁　法华
　　　经变　栈道

图7　晚唐第12窟南壁　法华经
　　　变　栈道

木捆扎的小平桥。桥上两侧的护栏设计得很巧妙，是分别用一根树木横放在三根树桩的分叉中间，自然随意，其意境正好与河对面的禅窟相吻合（图1）。

一些城垣的护城河上面也有平桥，如中唐第231窟西壁龛内南壁所绘护城河平桥上面，还站有几人正在作迎接状（图2）。

但绝大多数平桥用在净土变佛寺水池中的平台之间，都比较小巧而精致，特别是木质桥栏装饰都非常华丽，大多在镶嵌的栏板上绘有色彩鲜艳的图案（图3、图4）。中唐第231窟东壁门南《报恩经变》中平台间的桥面上还站有几个孩童在演奏和跳舞（图5）。

有的还在桥上建有盝顶小亭一座，如初唐第341窟北壁《弥勒经变》中，在两

图1　榆林窟中唐第25窟北壁　弥勒经变　平桥

图 2　中唐第 231 窟西壁龛内南壁屏风画　平桥

图 3　初唐第 321 窟北壁　阿弥陀经变　平桥

图 4　初唐第 331 窟南壁　弥勒经变　平桥

图 5　中唐第 231 窟东壁门南　报恩经变　平桥

座平台之间有一座小平桥，小桥与平台连接处的望柱升高而形成一座四柱的亭台式建筑，其顶部又形成平台，并有几位乐伎在上面演奏（图6）。在桥上建亭或廊，近代多见，如湖南的新宁桥（图7）、广西三江的程阳桥等。桥上有廊亭，可供游人休息、避雨、歇凉。

虹桥即木结构的弧形桥，桥下无柱，具有拱桥的特点，即跨度比梁柱式桥更大，用于河深水急或需要行船的河流以及其他不宜建立桥墩的地方。虹桥是我国古代匠师在应用木材方面的一项卓越成就。

敦煌壁画中的虹桥大多也建在河流上面，如五代第61窟西壁《五台山图》就绘有数座虹桥。其中或绘商队正在山谷中沿着河流准备从桥上而过，或绘行人以及

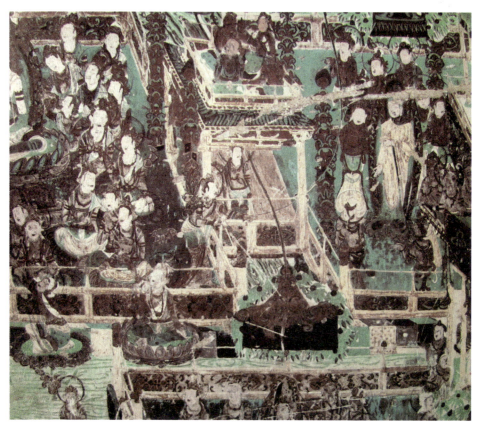

图6　初唐第341窟北壁　弥勒经变　有亭的平桥

图 7　湖南新宁桥

满载货物的骆驼、马匹正从桥上通过（图8、图9、图10）。但不仅这些虹桥的形象
绘得很小很短，其下面弯弯曲曲的河流更是绘得非常细窄，行人一步便能迈过。显
然这里所绘的河流和桥梁都只具有象征示意性。不过，其中五台县西南大桥规模较
大，细部描绘得很清楚，蜀柱和瘿项界画分明，盆唇、地栿也都画出扁平形式与细
圆的寻杖不同（图11）。大清凉寺附近的化金桥的笔致厚重，很像石桥（图12）。

　　另外，中唐第231窟西壁龛内北壁屏风画内绘一群牛在河流旁歇息，河流中间
有一座虹桥（图13）。

　　壁画里的虹桥有的也建在房屋与房屋之间。如第431窟西壁初唐所绘"十六
观"图中，画面上方绘三座高台，高台上各有一座三间殿堂；三高台殿堂之间以拱
形飞桥相连接（图14）。五代第61窟北壁《药师经变》佛寺中的楼阁之间也以拱形

图8　五代第61窟西壁　五台山图　虹桥

图9　五代第61窟西壁　五台山图　虹桥

图 10　五代第 61 窟西壁　五台山图　虹桥

图 11　五代第 61 窟西壁　五台山图　五台县西南大桥

图 12　五代第 61 窟西壁　五台山图　化金桥

图 13　中唐第 231 窟西壁龛内北壁

① （三国）曹植著，
赵幼文校注《曹
植集校注》，人民
文学出版社，1998
年，第183页。

图14 第431窟西壁初唐绘 十六观 虹桥

飞桥相连接，人们在上面穿行通过（图15）。正如曹植《节游赋》
云："建三台于前处，飘飞陛以凌虚。"①北魏杨衒之《洛阳伽蓝记》
卷1记载宫城灵芝钓台的周围四殿"皆有飞阁向灵芝往来"，又记

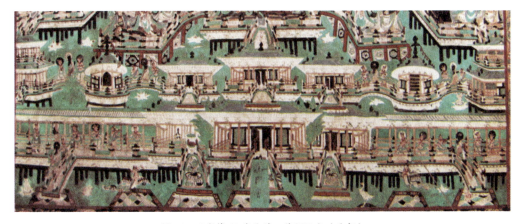

图15 五代第61窟北壁 药师经变（局部）

华林园"并作虹霓阁，乘虚往来"，周祖谟注云："虹霓阁即阁道，隆起有如虹霓也。"[1]

据《水经注》记载，陇西鲜卑族政权吐谷浑曾经在甘肃南部的黄河上建造大桥。《水经注》卷2引段国《沙州记》说："吐谷浑于河上作桥，谓之'河厉'，长百五十步，两岸累石作基陛，节节相次，大木从横更镇压，两边俱平，相去三丈，并大材以板横次之，施钩栏甚严饰。桥在清水川东也。"[2]同卷又引《秦州记》曰："枹罕有河夹岸，岸广四十丈。义熙中，乞佛于此河上作飞桥，桥高五十丈，三年乃就。"[3]乞佛即乞佛氏，为陇西鲜卑首领，十六国时期在今甘肃中部、东部建立西秦。由此可见，古代敦煌画工在壁画中所描绘的桥梁，还是有一定的现实依据的。

出入关隘的通行证：过所

过所，就是古代通过水陆关隘时必须出示的通行证明书，在汉代也叫作"传"。汉代刘熙《释名》卷6云："传，转也，转移所在，执以为信也。……过所，至关津以示之也。"[4]如疏勒河流域出土汉简第435号记载："酒泉玉门都尉护众，候畸兼行丞事，谓天□以次马驾，当舍传舍，诣行在所。"又第385号记载："玉门候畸移过所。"[5]

实行过所制度的目的，主要是为了保持国家编户的稳定，防止逃户、逃兵、逃奴、逃犯、拐卖人口，从而保证国家的赋役和兵役，与此同时缉拿国内外间谍、盗匪、罪囚，另外禁止武器和军用马牛的走私活动。为了使过所的作用不落空，就必须有具体准确的证明内容、相应的勘结和勘验过所的机构以及对没有过所私行的惩处法令。

① （北魏）杨衒之撰，周祖谟校释《洛阳伽蓝记校释》，中华书局，1963年，第55、67页。
② （北魏）郦道元《水经注》，时代文艺出版社，2001年，第11页。
③ （北魏）郦道元《水经注》，时代文艺出版社，2001年，第13页。
④ （汉）刘熙《释名》，王云五主编《丛书集成初编》，中华书局，1985年，第96、97页。
⑤ 林梅村、李均明编《疏勒河流域出土汉简》，文物出版社，1984年，第59、56页。

唐代百姓行旅只要离开本县本州，无论何种理由，都必须持有过所作为路证，否则寸步难行。因此，凡行人出行必须按规定申请过所，申请过所需要注明下列内容：外出事由、所去目的地以及沿途道路关津；申请过所者的姓名、籍贯、身份、年龄以及随员（从人）的姓名、籍贯、年龄；申请过所者所携奴婢名年、物品名数以及牲畜名数、牡牝（公母）、口齿等内容；申请过所者所携奴婢、牲畜、物品是合法所有的一至五名担保人。以上内容一式两份，申送主判过所的部门（所司）勘查，符合者由主判官和通判官依式签署，一件存档备查，一件签发给行人。唐朝的过所由中央尚书省或地方都督府或州颁发。失落过所必须审查后才予补发。

敦煌是丝绸之路中的交通重镇，这里的玉门关、阳关更是出入西域的必经关口（图1、图2）。因此敦煌以及吐鲁番地区保存了不少当时途经关隘路口必需的通行证——过所。如敦煌莫高窟第122窟出土的 K122:14《唐天宝七载（748年）敦煌郡给某人残过所》以及吐鲁番阿斯塔那509号墓出土的《唐开元二十年（732年）瓜州给西州百姓游击将军石染典过所》《唐开元二十一年唐益谦、薛光泚、康大之请给过所案卷》等珍贵实物。

图1　玉门关遗址

从《唐天宝七载敦煌郡给某人残过所》得知，天宝七载十月某人的过所是由敦煌郡"参军摄司户少鸢"主判"改给"的，同

图2　阳关遗址

时记载了某人持过所东行，途经东亭、苦水、常乐、悬泉，历时六天至晋昌郡，在过所上有东亭、苦水等四处守捉官"勘过"的批文。

《唐开元二十年（732年）瓜州给西州百姓游击将军石染典过所》中有五个方面的内容（图3、图4）：一是瓜州都督府批给石染典的过所正本，内云石染典携作人康禄山、石怒忿、家生奴移多地以及十头驴，从安西来到瓜州市易，现在市易已完成，欲再从瓜州返回安西，为了顺利通过铁门关和其他镇戍守捉等关卡，所以具牒向瓜州都督府户曹申请改给新的过所公文；瓜州都督府户曹审查无误后，由户曹参军亶和史杨祗签署，钤盖官印，并载明批准的日期，改给了石染典新的过所。二是石染典持新的过所，在由瓜州向沙州行进途中，接受所经悬泉、常乐、苦水、盐池戍四守捉关卡检查的情况。三是石染典到沙州后，再向沙州州府申请改给过所的具牒，内云石染典携作人康禄山、石怒忿、家生奴移多地以及十头驴，从瓜州来到沙州市易，今市易已完成，欲再从沙州往伊州市易，请求沙州州府改给新的过所。其中经过沙州市令张休的审查。四是沙州负责过所批给的官吏琛对石染典申请改给过所具牒的批准辞，并载明批准日期。五是石染典从沙州到达伊州后接受的检查，由伊州刺史张宾亲自检查签署，并钤盖官印，载明勘查日期。

《唐开元二十一年唐益谦、薛光沘、康大之请给过所案卷》中有四个方面的内容（图5、图6）：其一为唐益谦携奴典信、归命和婢失满儿、绿叶以及四匹马向

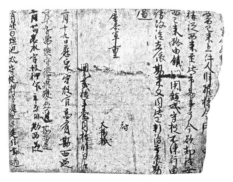

图3 唐开元二十年（732年）瓜州给西州百姓
游击将军石染典过所之一

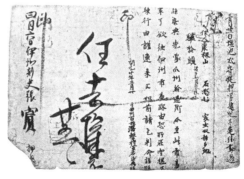

图4 唐开元二十年（732年）瓜州给西州百姓游击
将军石染典过所之二

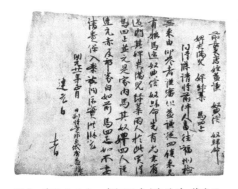

图 5　唐开元二十一年（733 年）唐益谦、薛光泚、
康大之请给过所案卷之一

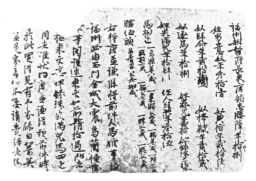

图 6　唐开元二十一年（733 年）唐益谦、薛光泚、
康大之请给过所案卷之二

西州申请过所牒。提及"婢失满儿、绿叶两人，于此买得"，唐益谦是安西都督府的别将，持有粮马递，从四镇（龟兹）到西州，即因公出差顺便护送乃叔前安西都督府长史、现任福州都督府长史唐循忠的家属往福州。其二详细载明被护送家属以及所携带奴婢的姓名年龄以及马匹的毛色、齿岁、牡牝等，并载明将经过的玉门、金城、大震、乌兰、潼、蒲津等关津（即途经甘肃敦煌、兰州、靖远和陕西潼关、大荔等地的关卡；从今新疆的库车到福建的福州合计行程近一万两千里）。其三是薛光泚请改给过所牒，并说明缘由。其四的内容为掌过所的判官西州都督府户曹参军梁元璟的批文、通判官元、廷祯、齐晏、崇等的押署，最后呈西州都督王斛斯签字。

不过在唐代，过所并不是唯一的通行路证，另外能起路证作用的还有公验。因篇幅所限，这里不再介绍。

在莫高窟五代第 61 窟西壁《五台山图》中，绘距太原北约 70 公里的战略要塞"石岭关镇"。榜题旁侧一歇山顶房屋内坐一官员，屋外有两名随员，屋后侧一行人为刚通过关卡的带枷犯人和押解人。榜题下侧也有一处歇山顶房屋，一行骑马挑担牵驼的商队正往屋前行进，而屋后有一刚通过检查的行人，不过由于山岩遮挡，看不见屋内的官员（图 7）。有学者认为画面所绘两条道路及其不同身份的行旅者，反映了唐五代时期的"官道"和"民道"；两座建筑物则是设立在道路中间检查过往

图 7　五代第 61 窟西壁　五台山图　石岭关镇

行人的关卡，而要通过关卡，作为路证的过所则是必不可少的。这是当时人们行旅途中通过关隘接受检查时的情景描绘。

主要出行方式：徒步、骑马与驮运

古代人们的出行方式，就大部分人而言，主要是徒步而行，同时根据地位身份和经济条件以及地理环境的不同，也有乘车乘船乘轿以及骑马骑驴等多种方式。

《唐六典》卷 3 户部度支郎中条记载："凡陆行之程：马日七十里，步及驴五十里，车三十里。水行之程：舟之重者，溯河日三十里，江四十里，余水四十五里；空舟溯河四十里，江五十里，余水六十里；沿流之舟则轻重同制，河日一百五十里，江一百里，余水七十里。"由此可知当时在一般情况下，徒步与骑马、骑驴以及乘坐车船等交通工具的不同速度。其中以顺水之舟的速度为最快，乘马次之，而徒步与骑驴的速度相同，乘坐车辆的速度竟比徒步的速度慢许多，乘轿应该更慢。

敦煌壁画中所绘当时人们的出行方式也是多种多样，既有乘坐车辆和舟船的，也有骑马骑驴的，但更多的还是徒步而行。关于车辆和舟船将专文介绍，这里只介绍徒步、骑马以及相关驮运的内容。

　　五代第 61 窟西壁《五台山图》中描绘了大量行旅途中的情景。根据文献记载，通往五台山的河北道与河东道两条道路多为山路，人畜行走方便，但车辆难以通行，因此尽管当时车辆已经大量制造和使用，但这幅图中却一辆车的图像都没有出现。来往于五台山的各国、各族以及各个阶层的朝圣者，其中既有普通的朝拜者，也有使臣和商人，但行旅方式大致相同，可以分为步行与骑马两种。

　　从数量上看，骑马者相对并不多，大约三五人或七八人中间有一人骑马者，且大多是地位较高的官员，而地位较低的一些官员则跟在后面徒步（图 1、图 2），另外骑马者也有一些商人或富家子弟（图 3）。但绝大多数行人都是徒步者，其中有许多人还背负行囊、肩挑重担（图 4、图 5）。

　　需要关注的是，行旅队伍中有不少马匹、骆驼和毛驴的用途不是供人骑乘的载

图 1　五代第 61 窟西壁　五台山图　镇州城

人工具，而是负载货物的驮运工具。这些畜力在行旅途中也非常辛苦，如《五台山图》中有一幅"拽赶卧驴"的画面，绘一头不堪重负的毛驴因疲倦困乏而卧倒在道路中间，一人在前面用力拉拽，一人在后面挥鞭抽打毛驴的臀部（图6）。又如一幅"赶驴上山"的画面，山道间一人在前面俯身用力拉驴，一人在后面一手挥鞭，一手推驴（图7）。这两幅画面形象生动地表现了当时人们行旅途中的艰辛。

尤其是在"河北道山门东南路"与"石嘴关门"之间的一座大山间，人们登山下山的行途表现得更为艰难。有的拄着杖一步一步地攀登，有的匍匐在地慢慢攀爬；有背负行囊的，也有肩挑重担的；有使劲推赶驮着重物的骆驼上山的，也有小

图2　五代第61窟西壁　五台山图　行旅

图3　五代第61窟西壁　五台山图　行旅

图4　五代第61窟西壁　五台山图　行旅

图5　五代第61窟西壁　五台山图　挑担者

图 6　五代第 61 窟西壁　五台山图　拽赶卧驴　　　图 7　五代第 61 窟西壁　五台山图　赶驴上山

图 8　五代第 61 窟西壁　五台山图　行旅

心翼翼牵着驮满货物的毛驴下山的；特别是那毛驴朝前使劲蹬得直直的两条腿和朝后坠压的臀部，更令人感觉到俗语所说的"上山容易下山难"（图 8）。

　　由于牲畜驮载货物也非常劳累辛苦，因此即使当它们空载时主人也舍不得骑乘在其身上，而是牵着它们一同行走。如有一幅"驼队西归图"中，描绘向西通往石岭镇的山路上，一驮夫牵着三头骆驼，正行进于五台山至太原的路上，后面黑色骆驼身上未驮载任何货物，但驮夫也没有骑乘（图 9）。又如在一幅"牵马过溪图"

图9　五代第61窟西壁　五台山图　驼队西归

图10　五代第61窟西壁　五台山图　牵马过溪

图11　盛唐第217窟南壁　化城喻品　骑驴者

图12　五代第61窟西壁　五台山图　行旅

中，四人一马沿着小溪行进，前面一人牵马准备过溪，第二人赶马，后面的第三人背负行囊，第四人挑担，主人也非常心疼自己的马（图10）。

由此可见，尽管唐至五代时期乘坐车辆出行已很普遍，但乘坐者主要是达官贵人。骑马骑驴出行者虽然也很多，但骑马者主要是官员、有钱的商人或作战的兵士以及乘驿送信者等；骑驴者主要是仕途不达的落魄者、没中第或虽中第但无官的文人骚客，或山人隐士或俳优乐工以及一些妇女和老弱病残（图11、图12）。

因此，对于大多数人来说，徒步依然是出行的主要方式。对于一般劳动者而
言，车辆、骡马、骆驼、毛驴等是驮运货物的运输工具，是他们赖以生存的生产
工具。

陆路交通工具：车辆

车辆是陆上的主要交通工具，它的出现是文明和进步的重要标志之一。在敦煌
石窟 1600 多年的历史中，有 50 多个洞窟壁画中共出现 160 多幅车辆的图像。其种
类有马车、牛车、鹿车、羊车、骆驼车、小儿车（又称篮车、育婴车等）、宝幢车
（多轮车）、人力车、独轮车以及神话传说中的龙车、凤车、日月车等。

敦煌壁画中的马车不少，大约有 30 乘，其种类主要为安车和轺车，以及独𫐐马
车和行李（轴重）车等。如莫高窟北魏第 257 窟西壁《鹿王本生》中，国王和王后
追捕九色鹿所乘之马车为安车，双辕双轮，单马驾驭，车舆为全封闭式，圆拱形顶
盖，造型十分精巧、别致（图 1）。北周第 428 窟东壁《须达拿太子本生》中，所绘
马车则属轺车型：双辕、双轮，高栏车舆，上置伞幢。晚唐第 9 窟中心柱东龛内亦

图 1　北魏第 257 窟西壁　马车

图2　晚唐第9窟中心柱东龛　马车

图3　盛唐第148窟西壁　马车

绘辁车，但车舆构造比较简单，只是伞盖与牙旗显示其为辁车型（图2）。独辀马车如盛唐第148窟西壁《涅槃经变》中国王乘坐的四马驾车，其车辕为独辀，车舆为箱形辁车，中竖伞盖，后挂牙旗（图3）。行李马车一般为大轮、高栏，是运载货物的工具，如晚唐第156窟《宋国夫人出行图》中所绘。

牛车，同其他类别的车资料相比较，牛车在敦煌壁画中出现数量最多，形象也最丰富。敦煌有30多个洞窟中共出现50多乘，均为双辕双轮结构，单牛驾驭。从车舆之构造、装饰，可分为供人乘坐的豪华型和普通型、运送货物的柴车、运送灵柩的丧车等类型。供养人乘坐的牛车一般为安车型，如北周第294窟、296窟、301窟和隋代第303窟东壁、第62窟东壁所绘，车舆有正方形和长方形两种，圆券形大篷顶盖，四周为全封闭式，有门窗供出入和瞭望（图4、图5）。牛驾柴车，是古代一般农家所使用的运载工具，主要出现在《弥勒经变》"一种七收"情景中，其构造比较简单，双轮双辕，车舆由底板和较低的双栏构成，如盛唐第148窟南壁和晚唐第196窟北壁所绘（图6、图7）。牛驾丧车，如北周第290窟《佛传》中所绘，放置灵柩的车舆又高又大，顶盖为人字披形，四周挂满幡条及垂幔（图8）。

图 4　隋代第 303 窟东壁　牛车

图 5　隋代第 62 窟东壁　牛车

图 6　盛唐第 148 窟南壁　牛驾柴车　　　　图 7　晚唐第 196 窟北壁　牛驾柴车

　　羊车和鹿车，一般与牛车一同出现在《法华经变》中，用以诱劝"愚痴者"出"火宅"。其结构与牛车相同，只是在画面上也显得小巧玲珑一些，或略有些变化，如晚唐第 85 窟窟顶南披所绘的牛车、羊车、鹿车都是圆顶箱式车舆，但牛车增设了人字披顶盖（图 9）。也有构造简单的柴车类型，如五代第 108 窟南壁所绘（图 10）。

图 8　北周第 290 窟窟顶西披《佛传》　牛驾丧车

　　骆驼车。骆驼，是具有大漠戈壁特色的交通运载工具。敦煌地处大漠戈壁，骆驼在敦煌不仅负载驮运，而且也能驾车拉运。骆驼运载形式在敦煌壁画中出现数量比较多，骆驼车则只出现在北周第 296 窟、隋代第 302 两窟中。从画面上看，两辆骆驼车都是载人的，整个车的结构也比较简单：双轮双辕，车舆为圆拱形，四周围帘，仅容一人坐卧（图 11、图 12）。

　　小儿车又称"篮车"，供婴幼儿乘坐和睡寝用。在我国明、清以前的文献中，没有发现过有关小儿车的记载；此车起源于何时，尚无确凿记载，也未见有研究成果问世。晚唐第 156 窟前室顶部北侧的《报父母恩重经变》中：四只小轮支撑着一架四面围遮的篮舆，婴儿熟睡其中，篮舆前上部设有可以折叠的伞盖，后部设有扶手，一青年妇人双手扶车作缓缓行走状（图 13）。

图9 晚唐第85窟窟顶南坡 牛车、羊车和鹿车

图10 五代第108窟南壁 羊车和鹿车

图 11　北周第 296 窟窟顶北披　驼车

图 12　隋第 302 窟窟顶人字披　驼车

　　独轮车是一种由人推拉的小型、轻便的运送工具。这种车一般用来载运货物，由一人扶双辕推动，所载货物过重或上坡时可适当增加人拉。敦煌壁画中出现的独轮车，都不设车舆，甚至连车板也没有，如晚唐第 144 窟北壁《华严经变》中所绘。

　　宝幢车（多轮车）、人力车。大约在周代，中国出现人力多轮车，最初称为"辇车"，有四轮或多轮，由多人推拉而行，故又称"挽车"。敦煌壁画以宝幢车的

形式出现在《弥勒经变》中，为
辇车形，即低围栏榻辇式车舆下
方为四轮或多轮，上方为楼阁或
塔楼，塔楼上绘伞幢，如盛唐第
148窟南壁、榆林窟中唐第25窟
北壁所绘（图14、图15）。

　　神话传说中的龙车、凤车、
日月车之车舆多为辂车型，有座
椅、靠背、扶手和伞盖。驾车的

图13　晚唐156窟前室窟顶北侧　婴儿车

龙、凤、麒麟（狮子）三匹或四匹不等，亦有个别为马驾驭的。如西魏第249窟南、
北披所绘的龙车、凤车均为无轮、无辕之辂车型，驾车者分别为四龙、三凤。又如
西魏第285窟西壁之日轮车画于日轮中，是一辆仅有舆轮而无辕的辂车，日天交胫

图14　盛唐第148窟南壁　宝幢车

图 15　榆林窟中唐第 25 窟北壁　宝幢车

图 16　西魏第 285 窟西壁　日轮车与四轮凤车

图 17　西魏第 285 窟西壁　四轮狮车

坐于车内，驾车之四马两左两右相背而驰；整个日轮和日轮车被托在一力士手中，这位力士和另一位力士驭手又站立于三只凤凰驾驭的一辆前后单轮、无辕、平板的神仙车上（图 16）。画于月轮中的月天乘坐的月轮车形象构图基本上与日轮车相同，只是四马改为四鹤；而手托月轮与作为驭手的二力士站立于由三只狮子驾驭的一辆四轮、无辕、平板的神仙车上（图17）。

水上交通工具：舟船

敦煌石窟中的50多个洞窟内，保存了130多幅古代舟船的形象资料。壁画上所绘的舟船形象，随着时间的推移而发展进化，似乎可以作为一部船史来读：北周、隋代是小舟和筏之类；唐代以后，渐次出现大木板船、帆船和各类楼船、庐船等。如：

北周第296窟窟顶人字披东披《善事太子本生》故事画中，绘一只小木板船，船形尖头尖尾，中间大，两头小，船体较短；载客三人，船夫二人在船两头撑篙。这大概就是当时西北地区使用的内河舟船（图1）。

隋代第302窟、303窟中，先后出现了四幅"船"的形象：船型为圆形或椭圆形，乘坐3至5人不等，行驶在小河中，其形式类似于在西北地区的"皮筏子"（图2、图3、图4）。隋代第420窟绘制的三只小船也属于同一类型，但略有改进，有点像小木板船，长方形，平底，行驶于河中，规模也不大，乘坐7人左右（图

图1　北周第296窟窟顶东披　小舟

图2　隋302窟窟顶西披　小舟

5、图6）。

　　初唐第323窟南、北两壁绘制的"康僧会故事""石佛浮江""扬州瑞像"等佛
教史迹画中，一共出现了形式各异、大小不等的舟船12只，其中帆船6只，小木板
船3只。这里表现的是在中国江南一带发生过的佛教历史故事，这些舟船是行驶于
长江和太湖中，因此，整个画面是一幅湖光山色的江南水乡风情画。从画面上看，

图3　隋第303窟窟顶东披　小舟

图4　隋第303窟窟顶东披　小舟

图5　隋420窟窟顶东披　小舟

图6　隋420窟窟顶东披　小舟

图7 初唐第323窟南壁 帆船

图8 初唐第323窟北壁 帆船

这些舟船的行驶方式有划桨、摇橹、拉纤、张帆等（图7、图8）。南壁"石佛浮江"故事画中部为1924年被美国人华尔纳窃毁的《纤夫拉船》图，画面中有一中型运载船，无帆，上立佛祖并各类人物20余名，由二纤夫拉拽着靠岸，这是古代在江河中逆水行舟的唯一方式（图9）。绘于该窟北壁的"康僧会故事"图中的是一只小帆船，中坐比丘二人，后立船工一人作撑篙状。类似的形象在盛唐第23窟和第446窟亦出现过（图10）。

图9　初唐第323窟南壁　纤夫拉船（复原图）

图10　盛唐第23窟南壁　帆船

图 11　晚唐第 54 窟北壁　双尾帆船

图 12　五代第 98 窟南壁　双尾帆船

　　从 8 世纪中期开始一直到 10 世纪末，壁画上大量出现了双尾船的形象。这种船比较灵巧，或张帆，或划桨，使用自如，适合在水面平稳的江湖中作业；其构造也比较简单。如晚唐第 54 窟北壁、五代第 98 窟南壁、第 108 窟甬道顶部、第 146 窟南壁、第 61 窟南壁、宋代第 55 窟南壁所绘（图 11—图 16）。

　　唐代中期出现比较复杂的双尾楼船，具有游船性质。大多为帐形顶，顶上设榻葦，葦上坐人，视野开阔，一览无余。如中唐第 231 窟、238 窟西龛内南壁《善事太子入海品》中，均绘有一虎头双尾楼帆船，形状为方头、平坦但略呈弓形底，横长方形船头上绘虎头图案，帐形四角亭式内舱顶上设榻葦；桅杆竖于亭舱后，杆顶

图 13　五代第 108 窟甬道　双尾船

图 14　五代第 146 窟南壁　双尾船

图 15　五代第 61 窟南壁　双尾船

图 16　宋代第 55 窟南壁　双尾船

部有示意风向的木雕小鸟，高悬的大帆向前或向后鼓起（图 17、图 18）。晚唐第 468 窟窟顶西披《法华经变》中所绘的双尾楼帆船，有楼有桅有帆，风帆向后鼓张，前部一船夫正在撑篙掉转船头，船身纹饰颇为讲究、精美（图 19）。

庐船，指设草庐式内舱的舟船，在敦煌壁画中也多为双尾船。如晚唐第 156 窟南壁《天请问经变》中的双尾庐船，小船上设圆顶庐形内舱，无桅无帆，庐前只有一船夫撑篙（图 20）。榆林窟宋代第 33 窟南壁所绘双尾庐船亦平底，无桅无帆，佛陀坐于船舱中的草庐内（图 21）。五代第 146 窟南壁和第 98 窟北壁则绘双尾庐帆船，亦是平底，船上设圆顶庐形内舱，但都有桅有帆，且风帆后张，双尾上翘，有乘风

图 17　中唐第 231 窟西龛内南壁　虎头双尾楼帆船　　图 18　中唐第 238 窟西龛内南壁　虎头双尾楼帆船

图 19　晚唐第 468 窟窟顶西披　豪华双尾楼帆船

图20　晚唐第156窟南壁　双尾庐船

图21　榆林窟宋代第33窟南壁　双尾庐船

图22　五代第98窟北壁　双尾庐帆船和双尾船

破浪之势（图22、图23）。

海船。敦煌壁画中的海船形象，主要出现在《法华经变·观世音菩萨普门品》中，如盛唐第205窟南壁所绘大型木帆船，方头，平底，高舷板，首尾高翘。盛唐第45窟南壁所绘的海船，在桅杆的顶部清楚地绘出五级挂帆扣，以示该船可根据风力随时调整速度；在船的尾部，有一船夫把棹掌握航向，此棹有舵的作用，但只能在江河湖泊中使用（图24）。宋代第55窟南壁所绘的海船为一艘大型弯庐帆船，舱内有庐篷式上层建筑，船尾从上插下二棹（图25）。榆林窟宋代前室第38窟南壁绘一大型双头双尾庐帆船，双头，双尾，首尾上翘，低桅杆、小风帆设于船头；庐篷设于船舱中间偏后，亦颇具特色（图26）。

值得注意的是，敦煌壁画中的海船都没有绘船舵，并且都有撑篙的船夫，可见这些

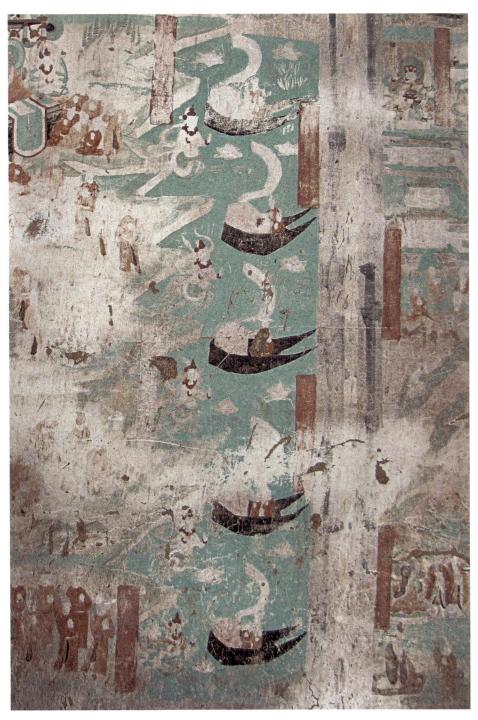

图 23　五代第 146 窟南壁　双尾庐帆船

图 24　盛唐第 45 窟南壁　大帆船

图 25　宋代第 55 窟南壁　穹庐船

"海船"只能行驶在江河湖泊浅水处，而不是在大海中航行。这是因为当年那些地处大漠深处的画匠，对海船及航海知识了解有限，他们可能只见到江河湖泊中的各种船只。尽管如此，这些大船仍是敦煌壁画中最值得重视的交通工具图像。

图 26　榆林窟宋代第 38 窟前室南壁　双头双尾庐篷船

另外，在盛唐第 31 窟南壁《金刚经变》"筏喻"中，绘一木排筏子，筏上坐一人，头戴白色尖顶帽，身穿蓝色衣服，右手握一长棍，漂流于大河之间（图 27）。

体现不同地位身份的轿

古人把车叫舆，而把人用肩

图 27　盛唐第 31 窟南壁　金刚经变　筏喻

膀抬的"车"叫肩舆，后来叫作"轿"。我国"轿"的出现很早。1978 至 1979 年，考古工作者在河南省固始县侯古堆发掘了一座春秋战国时期的大型古墓和它的陪葬坑，在陪葬坑里发现了三乘肩舆实物，肩舆的舆杆很长，并超出舆身的前后，还有横杠和抬杆。据推测，此肩舆即最早的四人抬轿[1]。

唐代以来，大臣乘马，而老病者则乘肩舆入署，这已成为典章制度。据《新唐书》记载："（崔祐甫）被疾，诏肩舆至中书。"[2]醉酒者也乘坐肩舆，据《旧唐书》记载："夏四月乙亥，宴百僚于上阳东州，醉者赐以床褥，肩舆而归。"[3]唐代诗人李绅《入扬州

① 参见固始侯古堆一号墓发掘组《河南固始侯古堆一号墓发掘简报》，《文物》，1981 年第 1 期。
② （宋）欧阳修、宋祁等《新唐书》，中华书局，1975 年，第 4668 页。
③ （后晋）刘昫等《旧唐书》，中华书局，1975 年，第 198 页。

①（清）彭定求编《全唐诗》第482卷，第021首，中华书局，1999年，第5523页。
②（清）彭定求编《全唐诗》第223卷，第035首，中华书局，1999年，第2386页。

郭》诗内有"自缘多病喜肩舆"①。大诗人杜甫对肩舆也有描述，他在《暮秋枉裴道州手札，率尔遣兴，寄近呈苏涣侍御》中说："市北肩舆每联袂，郭南抱瓮亦隐几。"②

敦煌莫高窟唐至宋代壁画中描绘了十多幅轿的形象资料。如初唐第323窟南壁佛教史迹画绘高僧昙延法师应隋文帝杨坚之邀，乘轿入京。画面中绘一高僧端坐在一台大轿中，它是一乘四角帐式敞开形（无壁屋）轿，顶盖很华丽，顶中央有一个大的宝珠状圆物，由前后左右六名轿夫肩扛急速前行（舆底两杆前后各二人，左右两边各一人），旁侧有榜题："帝迎法师入朝时"（图1）。

盛唐第148窟西壁《涅槃经变》中有一乘特殊的"轿"。这是运送释迦牟尼遗体灵柩的工具，是一座长方形台榭式豪华榻辇，辇四角竖杆撑起盝顶帐形华盖，四周挂彩绸花色垂幔；辇中置灵柩，辇底部两杆前后伸出，每根伸出的抬杆压在前后两名轿夫的肩头，左右两边还各有一人用肩扛住辇底，共计抬辇者六人。饶有趣味的是，抬辇者虽然是身挂彩色飘带的"仙女""仙童"，但他们的脚上都穿着草履，很像长行的脚夫（图2）。另外，在五代第61窟、宋代第454窟中绘有运送佛陀遗体的四抬柩辇。

中唐第186窟、202窟、205窟以及五代第72窟中的四人抬轿，多为表现《弥勒经变》中佛母摩耶夫人生产佛陀后乘轿回宫的情景（图3—图6）。佛母在佛教中地位虽高，但所乘肩舆多为四抬，

图1　初唐第323窟南壁　六抬帐式肩舆

图 2　盛唐第 148 窟 西壁　涅槃经变　六抬柩辇

图 3　中唐第 186 窟窟顶南披　屋式四抬肩舆

图 4　中唐第 202 窟西壁　四抬肩舆

图 5　中唐第 205 窟西壁　四抬亭式肩舆

图 6　五代第 72 窟西壁　四抬亭式肩舆

而且其外表装饰都远不及"出行图"中贵夫人所乘之轿豪华，甚至没有敦煌一般贵
族女供养人所乘之轿豪华。晚唐第 85 窟窟顶西披《弥勒经变》中佛母乘坐的肩舆，
为歇山顶两面坡屋式，屋舆四周虽然挂有彩幔，并且有轿夫八人，但外表装饰也都
很朴素，或许这表示佛教众生平等的思想（图 7）。

　　五代第 146 窟西壁《劳度叉斗圣变》中有两乘四抬亭式肩舆，均为六角亭形，
但舆体大小及底部的装饰各有所不同：前乘较小，底部垂帷幔；后乘较大，底部无
帷幔装饰（图 8）。这支队伍可能是表现长者须达动身迎请佛弟子舍利弗的途中情
景，长者须达虽然有一定身份，但地位也不是很高，因此用四抬肩舆。

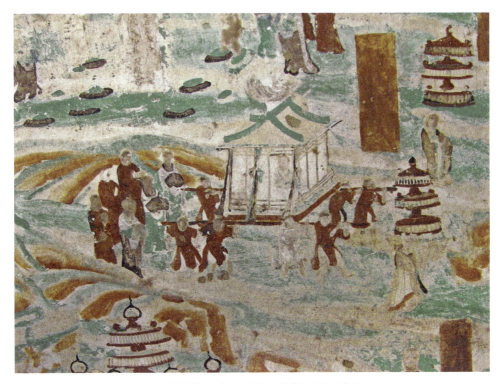

图 7　晚唐第 85 窟窟顶西披　弥勒经变中的肩舆

图 8　五代第 146 窟西壁　劳度叉斗圣变　四抬亭式肩舆

根据史籍记载，唐代妇女乘
轿之风盛行，朝廷在屡禁不止的
情况下颁布了一系列乘轿的等级
制度，规定一、二品及中书门下
三品官的母、妻所乘之轿用金铜
装饰，轿夫八人；三品官者轿夫
六人；四、五、六品官及以下者、
百姓轿夫四人。敦煌壁画中唐后
期及五代洞窟中出现的十余乘舆
轿大概都是按照这个标准绘制
的，轿夫有八人和四人两类，舆
室也是六角亭和四角亭两种，其
装饰从底座到顶盖都十分华丽和
精巧。

图 8 晚唐第 156 窟北壁 宋国夫人出行图 八抬大轿

八抬大轿出现于 865 年建成的晚唐第 156 窟北壁的《宋国夫
人出行图》和 939 年建成的五代第 100 窟北壁的《陇西李氏出行
图》，两位乘轿者分别是河西归义军节度使张议潮和曹议金的夫
人，张曹二人或受朝封，或自封，均"官高一品"，自然是夫贵妻
荣了。其中最引人注目的是第 156 窟北壁上的《宋国夫人出行图》
中的两乘巨型大轿，轿为尖顶六棱形，轿杆从六棱形底座中穿过，
轿身宽阔，豪华无比。有榜题"小娘子担舆"（图 9）。《汉书》"舆
轿而隃领"颜师古注引项昭曰："领，山领也。不通船车，运转
皆担舆也。"[1]担舆也称担子，宋人高承《事物纪原》卷 8 载"担
子……开成末定制，宰相三公诸司官及致仕官、疾病官，许乘担
子，如汉魏载舆之制。按唐乾元以来，始用兜笼代车舆，疑自此

①（汉）班固著，
（唐）颜师古注
《汉书》，中华书局，
1962 年，第 2779、
2780 页。

又为担子之制也，亦汉魏载舆、步舆之遗事云。然则今大臣、朝廷所崇敬，而老疾则赐以肩舆。"①

由此可见，敦煌壁画中所描绘的轿，也不仅是代步的工具，同时更是地位身份的象征。

途中食宿有旅店

旅店是设在道路两边或城镇内供客人饮食居住休息的地方。旅店在隋唐五代已经发展得比较兴盛了，《通典》卷7说唐玄宗开元时"（自长安）东至宋、汴，西至岐州，夹路列店肆待客……南诣荆襄，北至太原、范阳，西至蜀川、凉府，皆有店肆以供商旅"。旅店在当时有许多种称呼，如逆旅、客舍、邸舍、馆舍、旅舍、旅邸、旅馆、旅店、邸店、村店等等。②

设在道路两旁的旅店，一般大约二十至三十里一店，也有十五里一店的。旅店的主要任务是安置旅客住宿，许多旅店也同时负责旅客的饮食；旅客也可以到外面买东西回来吃。除了负责住宿和饮食外，有的旅店还为旅客提供出租出行工具。《通典》卷7所谓沿路"每店皆有驴赁，客乘倏忽数十里"，说的就是这种情况。

旅店在地方上由户曹管理，具体的旅店负责人称店主、邸主、店主人、店娃、店媪等。开设者大部分是私人，也有的旅店由官方开设但委托私人管理，这种旅店一旦有官客特别是高官来到，就要把普通客人轰走。不过，官员一般都食宿在馆驿。馆驿是官方开办的供出行使者、官员们住宿并供应他们饭食和出行工具的场所。

不过，使者到驿站食宿和使用出行工具需要一定的手续，即

①（宋）高承《事物纪原》（八），王云五主编《丛书集成初编》，中华书局，1985年，第284页。

②李斌城等《隋唐五代社会生活史》，中国社会科学出版社，1998年，第177页。

按照规定经有关部门批准领取出行的凭证——符券。符券上写清楚需要经过驿站数量、行程等，如果耽误了要受到惩罚。一般的公事耽误一天要笞杖三十。馆是招待过往官客的旅店，只要是官客就可以接待，不像驿站必须有正式的符券才能住宿，但只提供食宿而不提供交通工具；只招待官客而不接待庶民。

敦煌壁画中也绘有当时的旅店，如五代第 61 窟西壁《五台山图》中就绘有多处旅店，颇为形象地反映了当时人们旅途中住宿休息的情景。如：

新荣之店。图中在"河北道镇州"城西侧绘有一座简单的歇山顶小屋，旁侧有榜题"新荣之店"。小屋外侧绘两名店员正在迎接客人，来客一行二人一马，旁侧有榜题"新罗送供使"（图 1）。有学者认为新荣之店可能便是唐时日本和尚圆仁《入唐求法巡礼行记》[1]所记镇州城北 20 里的"使庄"。新罗，史称高丽，即今朝鲜，新罗僧人上五台山事，《入唐记》中就有多处记载；敦煌文献 S.5573《五台山赞》中也有"滔滔海水无边畔，新罗王子泛舟来。不辞白骨离乡远，万里将身礼五台"的颂辞，《五台山图》中还绘有"新罗王塔"。这些都表明了五台山与新罗国的密切关系，而这幅画面是新罗国遣使往五台山送供的历史记录，画面所示为新罗使臣从五台山东归的途中。而"使庄"则可能是因接待从东往西来的各国和各

① （日）圆仁《入唐求法巡礼行记》，上海古籍出版社，1986 年。

图 1　五代第 61 窟西壁　五台山图　新荣之店

地使者而得名，"新荣之店"即是该庄一处能够接待使臣的旅店。

灵口之店。位于石觜关镇上方，画面为一歇山顶式小屋，右侧设一马槽和拴马桩，左侧有二人正在压面，颇有生活气息（图 2）。此店可能是圆仁所记位于镇州城北 40 里处的属于灵寿县所辖的南接村中的客店，"灵口之店"可能由此得名。圆仁曾经记述了南接村刘姓人家接待过往僧人的情景，与画面上小店中的完备设施以及店主人的辛勤劳作相一致。

龙泉之店与柳泉之店。位于壁画北侧下部的小河两侧分别是柳泉之店与龙泉之店：柳泉店为一地处深山的简单房屋，依圆仁所记，应该是太行山谷中的净水普通院；龙泉店的场面较大一点，歇山大屋顶建筑之外，有二人正在从事踏碓舂米作业，圆仁记太行山中的龙泉普通院"有饭粥"，此画面所示即龙泉店的店主们为过往僧侣、使臣准备粥饭。

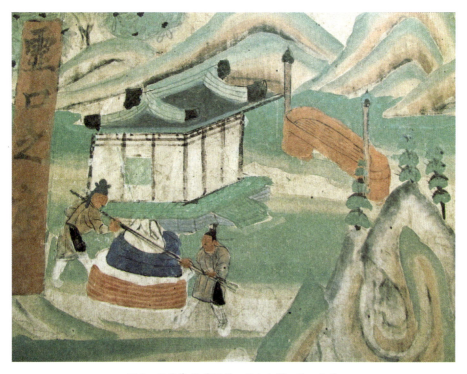

图 2　五代第 61 窟西壁　五台山图　灵口之店

太原白枧店。位于壁画南侧下部，出太原城不远，有一所歇山顶房屋，门外分别有一人躬身和一人骑马，似为躬身者送骑马者离开旅店，旁侧有榜题"太原白枧店"（图3）。榜题"白枧店"之"枧"，有专家认为是笔误，应为"白杨店"，有文献记作"白杨树店"，即圆仁所记之"白杨普通店"，位于太原城北45里，敦煌文献 S.0397《往五台山行记》记载："五月廿一日从北京（今太原）出至白杨村店冯家宿，计五十里。"里程大体相当。

图3　五代第61窟西壁　五台山图　太原白杨店

太原三桥店。即壁画中定襄县城南侧一篱笆墙围起来的房屋院落，榜题已泯灭不清，1908年法国人伯希和抄为"太原三桥

图4　五代第61窟西壁　五台山图　太原新店

店"。根据圆仁所记，太原城北30里处有三交驿，此两者可能在一地。

太原新店。位于太原三桥店南侧，绘一歇山顶式小屋之正面，左侧有二人作铡草状，右侧一马正在木槽中嚼食草料。此店可能是圆仁所记太原城北15里处的古城普通院或相关客店（图4）。

主要参考文献与图版出处

《二十四史》，中华书局，1959年—1975年。

（汉）刘熙《释名》，《丛书集成初编》，中华书局，1985年。

（晋）张华《博物志》，《丛书集成初编》，中华书局，1985年。

（唐）段成式《酉阳杂俎》，《丛书集成初编》，中华书局，1985年。

（宋）高承撰，（明）李果订《事物纪原》，《丛书集成初编》，中华书局，1985年。

中国社会科学院历史研究所、中国敦煌吐鲁番学会敦煌古文献编辑委员会、英国国家图书馆、伦敦大学亚非学院编《英藏敦煌文献（汉文佛经以外部分）》，四川人民出版社，1990年—2009年。

上海古籍出版社、法国国家图书馆编《法藏敦煌西域文献》，上海古籍出版社，1995年—2005年。

敦煌文物研究所编《中国石窟·敦煌莫高窟》，文物出版社，1982年—1987年。

敦煌研究院主办《敦煌研究》总第1—130期。

兰州大学敦煌学研究所主办《敦煌学辑刊》总第1—72期。

王尚寿、季成家等编著《丝绸之路文化大辞典》，红旗出版社，1995年。

季羡林主编《敦煌学大辞典》，上海辞书出版社，1998年。

段文杰《段文杰敦煌石窟艺术论文集》，甘肃人民出版社，1994年。

萧默《敦煌建筑研究》，文物出版社，1989年。

孙毅华、孙儒僩《解读敦煌：中世纪建筑画》，华东师范大学出版社，2010年。

马德主编《敦煌石窟全集26·交通画卷》，香港商务印书馆，2000年。

高启安《唐五代敦煌饮食文化研究》，民族出版社，2004年。

王进玉《漫步敦煌艺术科技画廊》，科学普及出版社，1989年。

周峰编著《中国古代服装参考资料》，北京燕山出版社，1987年。

李斌城等《隋唐五代社会生活史》，中国社会科学出版社，1998年。

后 记

这部书稿终于完成了，然而心情却并未轻松起来，相反竟变得颇有些沉重。

按理说，谈论衣食住行应该是有趣的话题。确实，在撰写本书的过程中，古人的一幕幕生活情景常常浮现在眼前，如同穿越时空到了一千多年的敦煌，甚至常常有与古人同吃同住同行的感觉。

我们注意到，古人的衣食住行，虽然有许多不尽如人意之处，但他们却对生活充满信心，对未来充满憧憬。然而，当我们再回到现实，却发现尽管随着社会的发展，生产力不断地提高，人们的衣食住行都有非常大的变化，但今人却对生活失去希望，对未来充满忧虑甚至恐惧。安全感，竟是现代人最为关注的词语。

如衣饰方面，现代人也注重衣料质地和装饰物的价值，也追求华丽和珍贵，但对衣料质地主要是关注是否是纯棉制品，担心化纤制品对皮肤会引起过敏；对装饰物则主要是关注其是否保值，担心货币贬值；对化妆品也主要是关注其是否含铅过多，是否对身体有危害。连洗衣粉现在也是在宣传用皂粉，说是对皮肤没有刺激危害。总之，大多是从安全角度考虑。

饮食方面，人们虽然也追求品种的多样化，追求色香味，关注食物是否新鲜，但更多的是追求食品的安全性。如希望能给婴儿买到没有添加三聚氰胺的奶粉，希望能买到没有喂瘦肉精的猪肉，希望在餐馆吃的火锅、炒菜等里面放的不是地沟油，希望蔬菜、水果里面少一点农药残留，希望制作豆腐的小作坊里少一些苍蝇、污水、垃圾，等等。人们理想的饮食是希望能吃到无公害的绿色食品。

居住方面，由于高房价的原因，因此有一套属于自己的房子是当代人们的第一愿望。从实际出发，小户型是许多人出于无奈的理想居室。在此基础上，人们关注住宅装修材料和家具是否环保（即有毒有害成分相对较少一些），关注住宅内的天然气、水电、暖气等设施是否安全，关注住宅建筑周边环境的空气是否污染，关注住宅建筑是否豆腐渣工程会不会突然倒塌，等等，更多的也是从安全角度考虑。

出行方面，现代人如果是汽车一族，首先希望油价不要涨或涨得慢一点，盼望尽早拆除道路中的一道道路卡收费站；希望汽车的安全性能有所保障，祈求不要遇到情况时刹车失灵、安全气囊打不开，但愿不要买到劣质的汽油、轮胎。如果是骑自行车者，则希望不要被汽车挤倒，不要被电动车碰撞。如果是行人，则祈祷过斑马线时不要被汽车撞压，也祈祷不要被路旁掉下来的广告牌砸了。出远门乘汽车、乘飞机、乘高铁更是首先考虑是否买份人身保险，祈愿路上的桥梁不要突然垮塌。如此等等，考虑最多的也是安全因素。

简言之，与古代人相比较，当代的人们对于衣食住行的追求虽然有不少相同或相异之处，但更多的却是追求安全感。

但愿本书中相关内容的介绍，能给今人一些启示或有所反思。以史为镜，这是我们探讨并介绍历史的主要目的。

本书吸取了几十年来敦煌学界众多专家学者的研究成果，如段文杰先生有关敦煌服饰的研究、萧默及孙儒僩先生有关敦煌建筑的研究、马德先生有关敦煌交通工具的研究、高启安先生有关敦煌饮食的研究等。